Née à Budapest (Hongrie), *solides études classiques, s* *rature et la langue françai* *rellement se fixer en Fran* *frontière à pied, elle quitte la Hongrie. Les seuls biens qu'elle emporte avec elle sont, cousus dans son manteau, les feuillets qu'elle a écrits tandis qu'elle vivait la guerre à Budapest. Ces feuillets du temps du siège seront publiés sous le titre :* J'ai quinze ans et je ne veux pas mourir. Le Grand Prix Vérité a couronné ce récit unanimement célébré par la critique, traduit dans le monde entier et devenu livre scolaire dans plusieurs pays. En 1957, paraîtra une suite autobiographique :* Il n'est pas si facile de vivre.*

Christine Arnothy commence alors une brillante carrière d'écrivain français, notamment avec ses romans : Le Cardinal prisonnier, La Saison des Américains, Le Jardin noir *(Prix des Quatre Jurys),* Aviva, Chiche !, Un type merveilleux, J'aime la vie, Le Bonheur d'une manière ou d'une autre *et avec un recueil de nouvelles :* Le Cavalier mongol *(Grand Prix de la Nouvelle de l'Académie française).*

Christine Arnothy a également écrit pour le théâtre, ainsi que des œuvres pour la radio et la télévision. Elle a publié un pamphlet sous le titre : Lettre ouverte aux rois nus. *Son nouveau roman :* Toutes les chances plus une *est paru en septembre 1980.*

Le règlement est formel : ne viendrait-il qu'un élève, il faut l'accueillir. L'instituteur Henri Raymond est donc en passe de devoir renoncer à s'évader de Paris comme presque tous ses concitoyens vont le faire à l'occasion d'un « pont » prolongé, car il a dans sa classe le petit Jean Martin, phénomène qui ne manque jamais l'école.

Adieu donc au voyage projeté en Normandie à moins de soudoyer Martin pour qu'il reste chez lui. Ou de l'emmener. *Chiche !* Raymond tente la gageure et réussit, non sans mal. Pourquoi tant s'acharner à gagner quelques jours de vacances ? C'est qu'il faut à tout prix fuir une ville où personne ne sort sans masque aux heures de pointe... L'histoire de Raymond et de l'enfant se situe en effet dans un monde qui, apparemment, se rapproche dangereusement de nous ! Ainsi le récit est-il à la fois d'actualité

(Suite au verso.)

et en avance sur l'époque. Sur les thèmes de la pollution, de l'enseignement, des multiples excès de la vie moderne, Christine Arnothy greffe avec une implacable drôlerie les cent inventions d'un conte philosophique où son talent fait alterner l'ironie, la révolte et la tendresse.

CHRISTINE ARNOTHY

Chiche !

ROMAN

FLAMMARION

Pour Claude.

CHAPITRE PREMIER

— Je dois m'en aller, monsieur le directeur.

— C'est impossible !

— Je ne resterai pas à cause de lui à Paris, reprend Henri Raymond. Depuis deux mois, je rêve de ce « pont ». Monsieur le directeur, vous ne pouvez pas me garder ici en otage.

— Mais ce n'est pas moi ! s'exclame le directeur. Selon la nouvelle loi, si tous les élèves s'en vont à cause d'un « pont », les enseignants, eux aussi, ont le droit de quitter leur établissement. Mais attention ! A condition qu'aucun élève ne reste. Vous avez la malchance d'avoir dans votre classe le seul enfant qui ne manque jamais, Jean Martin. A cause de lui, vous, son maître, et moi, le directeur, nous devons rester. Moi aussi, je désirerais m'en aller !

— Et ses parents ? Comment sont-ils ? Pourquoi restent-ils ?

— Je n'ai vu que la mère... une seule fois. Le père ? Je n'en garde aucun souvenir. Je ne sais même pas si je l'ai vu. Martin est un élève sans problème. Nous n'avons guère de contacts avec sa famille. S'il y avait encore des classements, il serait toujours le premier partout. Heureusement, l'année prochaine, il passe au lycée.

— Si je proposais à ses parents de le prendre avec moi ? dit M. Raymond.

— Mon pauvre vieux, réplique le directeur, quel conseil vous donner ? Vissé sur sa chaise, Martin est immuable, et il est conscient de ses droits; il connaît les devoirs de l'enseignant. Il veut utiliser chaque heure; il n'accepte pas qu'à cause de vacances indues, on le prive de classe. C'est un futé. Vous ne l'emmènerez jamais avec vous.

— Chiche ! dit Henri Raymond.

Le mot enfantin le plonge dans la honte. Il rougit jusqu'à la racine des cheveux.

Perdus comme des naufragés, le directeur de l'école et le jeune instituteur, par la fenêtre ouvrant sur le triste préau, contemplent le ciel. Derrière des nuages transparents et parfois nacrés comme certaines méduses, le soleil se cache. Ce début de printemps est chargé de menaces. Paris s'étouffe et s'engage dès le matin dans une lente agonie.

Bientôt les voitures s'aligneront sur les routes. A vingt kilomètres à l'heure, l'exode commencera.

Grâce au vendredi à venir — précédé par le jeudi, le samedi et le dimanche étant normalement fériés — les Parisiens fuiront dès lundi soir. Mardi matin, faute d'élèves, les écoles fermeront.

Le directeur exprime à haute voix la suite de leurs pensées à tous deux :

— Sauf chez nous... à cause de Martin.

Vendredi, c'est la fête nationale de l'Automobiliste inconnu. Le président de la République déposera lui-même une couronne sur la tombe de la victime anonyme de la route.

Le monument : une voiture écrasée, se trouve entre deux toboggans à l'entrée de l'autoroute du Sud. Personne ne sait si la sépulture renferme les restes d'un homme ou d'une femme. La victime, non identifiable — une vraie bouillie de chair transpercée de morceaux de métal —, fut choisie, tirée au sort plutôt, après l'hécatombe mémorable des vacances de Pentecôte.

— J'en suis arrivé à haïr l'école, dit Henri.

Il reprend :

— Les gosses sont des bourreaux. Pourtant, je voulais les aimer. J'avais imaginé que je pourrais les aimer.

— Aimer, dit le directeur, vous plaisantez ! Oubliez ce mot. Nous sommes déjà suffisamment ridicules. Une fois adultes, ces gosses-là souffriront plus que nous. Dans quelques années, les méthodes de tortures réservées aux enseignants seront plus raffinées, plus perfectionnées qu'aujourd'hui. Ce ne sera que justice !

M. Raymond soupire :

— Monsieur le directeur, je voudrais être paysan. Chaque jour, je me mettrais à genoux pour embrasser la terre.

— Instable comme vous êtes, vous vous en lasseriez, mon cher collègue. Nous sommes votre troisième école. J'attire votre attention sur le fait que vous ne pourrez plus changer.

Il précise en souriant :

— Vous resterez avec nous jusqu'à votre mort.

Pour atténuer sa phrase, il ajoute :

— Je veux dire la retraite...

— Monsieur le directeur, dit Henri, je suis devenu un instable parce que les enfants sont devenus de vrais monstres. Le matin, lorsque j'entre dans la classe, l'un d'eux crie : « V'là le con ! » Chaque matin !

— Des vétilles, s'exclame le directeur. S'en faire pour ça ! Vous en verrez d'autres...

— C'est vrai ! soupire M. Raymond.

Ils parcourent du regard les panneaux que le ministre du Bien-Etre national a fait afficher dans toutes les écoles, en assurant préalablement les enseignants que leur sort serait dorénavant sans doute plus clément. Selon l'avis des psychiatres, les enfants, dans une liberté totale d'agression, deviendront, par défi, plus modérés.

« PISSEZ ET CRACHEZ, VOUS EN SEREZ FELICITES »

— Je me permets de vous signaler qu'ils pissent dans l'escalier autant qu'avant. Et ils crachent plus que jamais... Ils crachent sur nous.

— C'est l'effervescence des premiers jours, mon cher collègue, dit le directeur. Ça passera.

Un autre panneau leur saute aux yeux :

« TOUT VOUS EST DU, NE DITES DONC JAMAIS MERCI »

— Je dirige cette école depuis quelque vingt-cinq ans, commence le directeur, et on ne m'a jamais dit merci, jamais.

« VOUS ETES LES MAITRES
DE VOS MAITRES
INSTRUIRE = SERVIR »

Sur l'horloge du couloir, dans un doux et inlassable délire, les chiffres noirs avancent. Il est 8 h 28.

Par la fenêtre, Henri Raymond guette le carré de ciel bleu tendu au-dessus de la cour grisâtre où trois arbres se trouvent emprisonnés dans des cages de fer arrondies et rouillées. Jadis, quelqu'un a dû imaginer que ces cages serviraient à protéger les arbres contre les élèves. Ceux-ci, toujours astucieux, passent la main à travers les fentes et enfoncent leurs canifs dans l'écorce. Peu à peu, les entailles se cicatrisent. Ils les rouvrent alors brutalement. M. Raymond sensible imaginerait facilement que les arbres saignent et se nourrissent des infiltrations venant des cabinets qui entourent la cour. Les bourgeons sont jaunâtres et leurs premières minuscules feuilles écloses blêmes comme des pousses d'endives.

— Non, je ne m'apitoierai pas sur un arbre, dit le directeur.

Il continue :

— Entouré d'instituteurs guettés par des maladies nerveuses, au milieu de jeunes et de vieux fous, je n'accepte pas d'avoir pitié de quiconque. Il fut un temps où nous aurions dû arracher les pavés et construire nos barricades à nous. C'est fini. On passe à la caisse, mais c'est nous qui payons.

Crispé de tristesse, M. Raymond semble cloué contre le mur. Toute envie de révolte l'abandonne. Il ne peut que murmurer :

— J'aimerais aller en Normandie, chez ma mère. Je voudrais respirer, monsieur le directeur.

— Martin viendra, répond le directeur.

Une sonnerie stridente retentit.

— Ils arrivent, dit M. Raymond.

Le directeur et l'instituteur regardent par la fenêtre. Clopin-clopant, la concierge se dirige vers la porte et s'affaire autour de la serrure rouillée.

Pour la prochaine rentrée scolaire, la concierge sera remplacée par un portail électrique et sa loge par une cabine à fiches. Un œil électronique, complété par un système perfectionné, enregistrera à l'arrivée les élèves et l'ordinateur indiquera, à la fin de chaque trimestre, le nombre exact des jours d'absence ou des retards de chaque individu qui pénètre dans l'établissement.

La concierge réussit à ouvrir la porte et aussitôt la foule des élèves, comme vomie par la rue — une vraie masse gluante — inonde l'établissement. Ils arrivent avec la violence d'une armée conquérante. On dirait une horde du Moyen Age, ou des fourmis géantes qui dévoreraient tout ce qui se présenterait de vivant devant elles.

Quel vocabulaire rétrograde peut les faire appeler « enfants » ?

Ils ont presque tous le crâne rasé, lisse comme une boule de billard, décoré par des tatouages. Une marque de chocolat distribue gratuitement six tablettes à l'enfant qui se laisse appliquer une sorte de décalcomanie sur le crâne et se prête ainsi à une publicité, pendant quelques jours, indélébile. Le ministre du Bien-Etre a dû lancer un appel spécial aux parents en leur demandant l'indulgence et la patience quant à cette nouvelle mode.

Il arrive aussi de voir des enfants qui se rasent juste une partie du crâne de façon à laisser une petite surface pour la publicité qui dit : « Chocochoc-croc-croc-croc ».

D'ici, de la fenêtre, il est impossible d'apercevoir si Martin est venu ou non. Lui, il fait partie des rares chevelus.

— Courage, mon cher collègue, dit le directeur.

Et il poursuit :

— Tenez-moi au courant. Si Martin reste, comme je présume, demain matin, nous ne serons plus que trois dans l'établissement : Martin, vous et, hélas, moi. Le devoir avant tout.

Henri Raymond le quitte pour pénétrer un instant dans la petite salle d'attente des instituteurs. Il salue un de ses collègues, un grand blond, qui, depuis un certain temps, présente toutes les apparences d'un dérèglement nerveux. Il ne circule qu'avec une règle cachée dans la manche de sa veste; arrivé en classe, il fait glisser subrepticement la règle dans sa main et, soudain, il se met à taper autour de lui. Il tape sur les crânes, rasés ou non, avec une rage folle, il tape aveuglément.

— Mon système est valable. Ils ne crachent plus sur moi, dit-il victorieux. Ils n'osent plus s'approcher de moi, parce que je tape à l'aveuglette. Je pourrais même les éborgner par hasard. Alors...

Il continue :

— Je ne dis pas qu'on me respecte, oh non, j'ai le sens de la mesure, encore, messieurs, j'essaie de ne pas exagérer et d'avoir un vocabulaire normal. Donc, je ne dis pas qu'on me respecte, mais on me redoute.

Un autre instituteur trapu, presque carré, arrive. Il fait sortir et rentrer sans cesse la bille d'un stylo automatique. Le stylo près de son oreille fait « clic-clac ». Le visage tendu, l'instituteur répète l'opération et s'explique :

— Vous m'excuserez pour le bruit, n'est-ce pas ? vous m'excuserez. Selon le médecin, mon tympan devrait se dégager seul. J'aimerais détecter le premier « clic-clac », mais, pour le moment, je n'entends rien. Merci pour votre patience, messieurs, merci.

Les autres prennent une expression de circonstance. Ils sont vraiment navrés.

A cause d'une farce, cet instituteur est frappé d'une surdité passagère. L'infirmité provisoire le protège des injures habituelles; l'œil rivé dans le vide, bien au-dessus des têtes des élèves, pendant que ceux-ci, pour l'énerver, l'environnent de flèches en papier afin d'attirer son attention sur certaines anomalies créées exprès dans la classe insensible, il débite son cours.

Selon ses collègues, il souffre avec une dignité infinie. Certains disent qu'il peut le faire parce qu'il a une âme de missionnaire : il se ferait manger doigt par doigt en rendant grâce au Seigneur.

Catholique fervent, il est exclu, pourtant, pour six mois de toute pratique religieuse. Il a protesté contre une messe servie par l'épouse du prêtre. Le syndicat des Exécutants des Rites lui a retiré sa carte de catholique pratiquant. Il ne peut plus franchir le seuil d'une église car le contrôle strict aux portes le repérerait aussitôt.

Pour faciliter la communication avec le collègue malheureux, l'instituteur qui tape sans raison a placé un tableau noir dans la salle des enseignants.

A l'instant, il y écrit : « Vive le pont, vive la liberté. »

M. Raymond attend, figé.

Le sourd prend la craie et répond par écrit : « Sauf pour Henri Raymond, il a Martin. »

Henri saisit la craie et écrit à son tour : « Pas d'espoir, donc, qu'il crève ? »

Et le sourd répond en faisant grincer la craie : « Il est increvable. »

Une sonnerie retentit. A l'intention de l'infirme, l'instituteur nerveux marque sur le tableau : « On sonne. »

Le visage inondé par un doux sourire, celui-ci se lève et quitte aussitôt le refuge pour s'engager dans le couloir. L'autre sort à son tour.

« Moi aussi, je deviendrai une épave », se dit M. Raymond terrorisé. « Je serai bientôt comme eux, diminué et rongé par les gosses. Me sauver d'ici... » Il aimerait hurler « au secours ! »

Peu à peu, le flot des élèves se canalise. En poussant un soupir, M. Raymond s'engage dans le couloir. Devant la porte de la classe, il s'arrête un instant. A l'intérieur, la rumeur des fauves monte.

M. Raymond va entrer dans son enfer quotidien. Un silence instantané, qui l'étouffera sous sa chape de plomb, se fera autour de lui. Il appréciera donc à sa juste valeur l'injure odieuse qui surgira avec une clarté cristalline du néant gris.

Il appuie sur la poignée de la porte, il va jusqu'à esquisser un petit sourire, mais se rétracte aussitôt. Le visage sévère, il franchit enfin le seuil de la classe et se dirige vers l'estrade; pour ne pas trébucher sur les marches, il ne regarde que ses pieds quand le « V'là le con » fuse.

Pas l'ombre d'une ironie dans l'injure;

même pas un soupçon de rire qui parcoure-rait les élèves. Ils s'abstiennent de l'irriter; ils constatent son état; ils définissent ainsi, en quelque sorte, sa valeur morale. Le « V'là le con » n'est plus un attentat, mais un diagnostic.

M. Raymond trébuche. Il s'attend aussitôt au chahut de la classe, mais les élèves ne bougent pas. Dans le silence, le regard fixé maintenant sur son livre d'histoire qu'il pose délicatement devant lui, comme si c'était de la dynamite, M. Raymond s'installe.

Il serre les dents, il lève la tête et aperçoit la foule aux crânes rasés, ces rapaces aux yeux cruels dont le regard d'oiseau de proie pareil à des griffes le pénètre.

— Je vais vous parler de Louis XVI, dit-il.

Son effort pour garder sa voix calme fait battre son cœur prêt à rompre sa cage thoracique.

— C'était un roi faible.

Quelqu'un fait « cocorico » dans la classe.

Malgré sa volonté obstinée de ne pas réagir, M. Raymond tourne la tête et son mouvement est si rapide, si violemment imprévu, qu'une sorte de courant électrique lui traverse le cerveau, suivi, à la seconde près, d'un engourdissement qui l'anesthésie jusqu'au bout de sa langue.

— La reine, continue-t-il, Marie-Antoinette...

Plusieurs élèves imitent maintenant le bêlement des moutons. Certains disent : « Meheheherde... meherherherde... »

M. Raymond souhaiterait un refuge. Il voudrait imaginer qu'il n'est pas un spécimen humain rare, exposé dans un jardin anthropologique.

Au premier rang, les bras croisés, Martin observe.

Serait-il innocent, hors de la conspiration actuelle, ou bien ne pourrait-il pas être, secrètement, le plus vicieux, peut-être même le chef des tortionnaires?

Pour le défier, Henri Raymond s'adresse à Martin. L'instituteur fait semblant de s'amuser lui-même.

— Tu ne fais pas « Cocorico » ni « meherherde » ? lui demande-t-il.

Il tente de faire croire que le chahut n'est qu'un enfantillage bien compréhensible chez ces jeunes au sang chaud.

Pourtant, il aurait presque envie de tuer.

— Non, répond Martin.

— Pourquoi ?

— Parce que. Je ne sais pas.

— Si, tu le sais.

L'enfant se décide.

— J'aimerais savoir enfin les choses sur Louis XVI.

Sa voix se perd sous les huées. Les élèves se mettent à taper sur les tables, ils sifflent et, pour mieux protester contre le comportement de Martin, ils imitent des cris d'oiseaux.

Comme une tache d'huile, le brouhaha se referme sur M. Raymond.

— Je vais vous punir, menace-t-il d'une voix rauque.

Personne ne l'entend.

CHAPITRE II

Comme des baigneurs surpris par la marée montante et réfugiés sur un rocher, les instituteurs subissent la récréation.

La chaleur prématurée accentue la puanteur des W. C.

— Personne n'ose parler du scandale des cabinets... dit M. Raymond.

Le directeur explique :

— Mon cher collègue, si on oblige les femmes de ménage à aller dans cette zone pestiférée, aussitôt elles commencent une grève de la faim. Elles se couchent par terre dans les salles de gymnastique et y restent jusqu'au moment où les services spécialisés les emmènent à l'hôpital. Peu avant que vous arriviez, nous avons évacué sept femmes de ménage déjà dans le coma. Heureusement, depuis que l'Etat a créé un hôpital particulier pour les grévistes de la faim, les médecins raniment les sujets avec efficacité.

Las, M. Raymond tourne la tête et repère Martin. Appuyé contre le mur, l'enfant semble rêver. « C'est le moment », pense M. Raymond, et il s'approche de Martin. Il s'adresse à lui d'un ton goguenard.

— Ça va, Martin ?

— Oui.

— Pas de bobo ?

— Comment ?

— Tu n'as pas mal ?

— Où ?

— Quelque part.

— Mal ?

— Oui, mal.

— Non.

M. Raymond le saisit assez délicatement par les épaules et le serre juste un peu.

— Pas de fièvre ?

— Non.

M. Raymond insiste.

— Pas d'eczéma, prurit ou varicelle qui couve ? Rien, non ? Même pas mal à la gorge ?

— Non.

M. Raymond prend sur lui-même, il pousse un soupir, il lâche l'enfant et il prononce :

— N'es-tu donc jamais malade ?

— Si.

L'enfant plisse les yeux et ajoute :

— J'ai eu déjà deux maladies contagieuses... En été. Heureusement.

— Alors, demain, tu ne vas pas aller à la campagne, comme tout le monde ?

— Tout le monde n'y va pas.

— Si.

— Non. Nous, par exemple, on n'a pas d'argent pour le train.

M. Raymond s'exclame :

— Allez en voiture !

— Nous, on n'a pas de voiture.

— Comment circulez-vous ?

— A pied ou en métro. Maman est grande, elle peut.

— Et toi ?

— Je rentre de classe juste avant l'alarme.

— Et où passes-tu les grandes vacances ?

— Au square.

— Quel square ?

— En face de la maison.

— Tu ne quittes jamais Paris ?

— Non.

— Mais pourquoi, bon Dieu de bon Dieu, pourquoi ?

— Parce que.

— Explique !

— Ma mère a peur des routes.

— Ce n'est pas une raison. Tout le monde a peur des routes.

L'enfant réfléchit :

— Une fois, on a voulu faire du camping avec ma tante et son mari. Ils ont une place au premier rang du camping de Kergouélec.

M. Raymond s'attache à l'idée de la tante providentielle.

— Et alors ?

L'enfant continue :

— Pour y être admis, il faut se faire vacciner contre le choléra, la dysenterie et la rage. Maman n'aime pas les vaccins.

— Pas la rage, dit M. Raymond. Depuis que les campings sont entourés de fils de fer barbelés, les campeurs sont plus calmes; ils savent qu'ils doivent rester sans sortir un mois entier. Ils ne se mordent plus.

L'enfant acquiesce.

— Maman est contre. Quand elles sont ensemble, elle se dispute avec sa sœur. C'est ou les vaccins ou sa sœur.

M. Raymond persévère :

— Martin, écoute. Tu n'es pas plus bête qu'un autre, tu vas me comprendre. Je ne veux pas que tu viennes demain. Je veux aller chez ma mère en Normandie.

26

L'enfant regarde ses chaussures.

— Les vacances ne commencent que mercredi soir. Je veux venir en classe demain matin.

M. Raymond ne le lâche plus.

— Je t'offrirai un jouet. Veux-tu un garage, un beau garage sur deux étages, bien éclairé, avec un petit ascenseur qui monte et qui descend ?

— A la maison, on n'a pas la place...

M. Raymond insiste :

— Tu mettras le garage sur une table. Vous avez une table ?

— Maman occupe la table. Avec sa machine à coudre.

M. Raymond s'entend grincer des dents.

— Il y a des garages pliants.

— Je n'aime pas les garages, dit l'enfant.

— Je t'offrirais ce que tu voudrais si tu disais, demain, que tu as mal. Mal où tu veux...

La sonnerie arrête la conversation.

Martin s'en va le premier. Il se tient tout droit, sa petite nuque est raide comme celle d'un officier au garde-à-vous.

Un décret ministériel a fait placer, dans chaque classe, une horloge électrique où les secondes sautent, les minutes se déplacent, les heures se traînent et où, selon le temps passé, les dates changent.

Seul sur l'estrade, exposé aux fauves, les jambes en coton, le regard voilé de trac, M. Raymond prononce :

— Louis XVI...

Il imagine la tête dans la corbeille ensanglantée.

Un bruiteur de poche imite le beuglement des vaches.

M. Raymond se met à sourire pour montrer qu'il est dans le vent, qu'il comprend la jeunesse, qu'il a été, lui aussi, jadis, un farceur, que son adolescence à lui n'est pas encore aussi lointaine qu'on le croirait. Il rit avec les enfants; son rire est saccadé, anormal.

Soudain, il constate que la classe est devenue immobile et silencieuse et que les élèves le laissent rire seul. Il se met à transpirer de honte.

Le regard de Martin ne le quitte pas et M. Raymond pense : « Est-il possible que ce vicieux, ce salaud, cet infâme frotte-manche veuille vraiment connaître l'histoire de Louis XVI ? »

CHAPITRE III

RÉSIGNÉ, maudissant Martin, vers 16 h 45, M. Raymond, au lieu de prendre l'autoroute de l'Ouest pour aller chez sa mère près de Lisieux, rentrera chez lui et retrouvera sa solitude dans le logement au loyer modeste que l'Etat met à la disposition des instituteurs.

L'avantage de ces logements est diminué par le fait qu'on n'attribue jamais à l'enseignant un logement près de l'école où il enseigne. Afin d'établir entre tous une égalité d'effort et de toxines atmosphériques, l'instituteur ou l'institutrice doit parcourir deux fois par jour un trajet de quarante-cinq minutes.

M. Raymond se trouve rue Réaumur, dans une foule de voitures collées, pare-chocs contre pare-chocs, les unes contre les autres. Une lumière mauve s'allume sur son tableau de bord aussi compliqué d'apparence qu'un mini-ordinateur. Aussitôt après, la sirène individuelle se déclenche. Sur un cadran phosphorescent, une aiguille avance. L'instrument précieux signale que la cote d'alerte est atteinte, qu'à cause de la montée du gaz carbonique, le masque à gaz est dorénavant indispensable, sinon obligatoire.

Comme dans les avions, le masque sauveteur se trouve au-dessus du siège, avec son ballon d'oxygène encastré dans le toit de la voiture. A peine le signal d'alarme est-il déclenché que le masque saute de son habitacle et, accroché à un tuyau de caoutchouc, se balance devant le visage des usagers.

Avant de mettre son masque, M. Raymond avale son « Tranquillant ». Il se sent nerveux et désire n'avoir aucun incident sur le parcours entre l'école et son logement.

Le masque à gaz est beau. C'est le premier article vraiment populaire lancé par Hermès qui a réussi à donner sa grâce inimitable à cet instrument protecteur.

Le modèle standard est offert aux passants sur le trottoir devant Hermès. Le modèle « boutique », un peu plus cher, est vendu à l'intérieur. La différence de prix est dérisoire. Une dessinatrice de mode, aidée et surveillée par une équipe de toxicologues et de techniciens, a conçu ce masque qui ressemble à des lunettes de soleil énormes. Certains sont munis de verres colorés — la teinte est sur commande. Ces hublots sont attachés à une muselière délicate, reliée elle-même à une bonbonne d'oxygène, laquelle est inoxydable, chromée ou bien exécutée en argent ciselé, voire en vermeil pour les millionnaires.

Les masques à gaz de luxe, baptisés « Cinq à huit », sont pailletés ou incrustés de strass, ou bien montés sur écaille véritable. Ce dernier modèle convient mieux aux hommes d'affaires qu'aux femmes.

Parfois, des artistes commandent des modèles spéciaux et ils ne lésinent pas sur le prix.

Le modèle standard vendu sur le trottoir est remboursé à 60 p. 100 par la Sécurité sociale dont le déficit chronique réduit la France au rang d'un pays sous-développé. Dès qu'un représentant officiel d'un état noir vient en visite à Paris, il prouve sa générosité en offrant une somme d'argent à la Sécurité sociale et il reçoit, au cours d'une cérémonie intime, en souvenir, un masque à gaz modèle « boutique ».

Avec son agenda-relax, une pure merveille recouverte de peau d'autruche véritable, Hermès a lancé, il y a quelque temps, une opération anti-infarctus. Le slogan « Perdez de l'argent, vivez plus longtemps » se lit sur les affiches en couleur. Celles-ci représentent une autruche qui se cache la tête.

L'agenda ressemble apparemment à tous les autres agendas. L'homme d'affaires y inscrit ses rendez-vous minutés, mais, parfois, les pages les plus garnies redeviennent toutes blanches. Grâce à la composition chimique du papier, à partir d'un certain degré de surcharge, l'encre s'efface. L'homme d'affaires surmené, harcelé à l'extrême, pressent sa journée terrible ; autour de son pauvre cœur, l'étau des muscles surexcités se resserre. Ses veines se gonflent... Il découvre alors la page vierge et se trouve sur le seuil d'un paradis.

Dans un bonheur délirant, il se refuse à toute explication logique, il ne s'étonne plus de rien, il accepte le sursis, et il se vautre dans ses draps qu'il salit à plaisir en prenant un petit déjeuner lent et copieux. Plus tard, il s'en va, en flânant, vers un institut de beauté masculine.

Là, dans une pièce spécialement oxygénée, il s'allonge sur une chaise longue et, pendant que l'esthéticienne masse son visage, il écoute un disque. Une voix de femme ronronne : « Mon chéri, tu es beau... tu as raison... Tu es le plus séduisant des hommes... Tu es le champion de l'amour. J'ai hâte de t'aimer, j'ai hâte aussi de te laisser reposer. Détends-toi... Mon amour, je n'ai pas besoin d'argent, non, non, non... Je le refuse... Pas d'argent, s'il te plaît. N'insiste pas... »

Pour une fois, personne ne peut copier Hermès : le secret chimique de l'agenda est total.

A travers ses lunettes teintées légèrement en rose, M. Raymond contemple la rue Réaumur. Il est content d'avoir pris son « Tranquillant », ce médicament qui permet de supporter les embouteillages. Certains imprudents, qui se disent ennemis des produits chimiques, hésitent à l'utiliser. Le professeur Acidschmidt, le savant allemand, vient pourtant de recevoir le prix Nobel pour cette invention.

M. Raymond regarde de côté. La voiture la plus proche de lui — à gauche — est conduite par un homme. Même d'ici, M. Raymond voit que les mains de son voisin sont crispées sur le volant. « Mauvais signe », pense-t-il. Sans aucune transition apparente, l'autre se met à hurler et à klaxonner en même temps. Les individus devenus fous dans les embouteillages sont assez difficiles à guérir. Au début de cette épidémie, pour pouvoir détacher les mains du volant, les pompiers leur cassaient les doigts. Grâce au progrès, dorénavant, il est possible de dévisser le volant, et le malade est emmené à l'hôpital, le volant serré dans ses mains. Dans les hôpitaux affectés spécialement aux maladies psychiques de la circulation, des salles entières sont remplies de femmes ou d'hommes allongés sur le dos, les yeux rivés au plafond, et les mains tenant des volants aux tiges coupées. Au bout de trente-six heures de traitement psycho-décontractant, ils arrivent à lâcher le volant.

M. Raymond hoche la tête. « Un de plus », pense-t-il.

L'homme à côté de lui hurle, klaxonne sans cesse et, de temps à autre, il s'élance comme s'il voulait se casser la tête contre le verre épais du pare-brise.

A cause des masques à gaz, les gens n'ont plus la possibilité de s'injurier par les vitres baissées, mais ils utilisent un gadget qui fait fureur. Sur l'aile droite, juste à côté de l'antenne de radio, téléguidé de l'intérieur par des boutons, une sorte de petit radar émerge. Sur sa tête tournante — un cadran allongé — apparaissent des injures lumineuses.

Le voisin de M. Raymond hurle et, aussitôt,

les appareils d'injures se mettent en marche. Hissées sur leur tige, les plaques étincelantes s'envoient les mots suivants : « Con... salaud... tordu... » etc.

M. Raymond déteste ce gadget qui l'aveugle.

Sur toute une file, la rue Réaumur prend son aspect habituel. De la Bourse jusqu'au boulevard Sébastopol, les voitures sont immobilisées. Les plaques tournantes des injures transforment les véhicules en de monstrueuses lucioles conduites par des êtres masqués. Heureusement, les pompiers sont en route pour dégager le malheureux conducteur. Pour être pompier à Paris, il faut savoir courir vite. Aux heures de pointe, les voitures à échelle ne sont plus utilisables; les pompiers se déplacent par six à la queue leu leu en courant. Ils portent sur l'épaule un tuyau superléger qu'ils vissent sur les bouches d'eau situées près des foyers d'incendie. Aux Jeux Olympiques, c'est souvent un pompier français qui emporte la médaille d'or de course à pied.

Pour dégager les fous des embouteillages, les pompiers, vêtus de rose bonbon, arrivent ainsi par six, et portent une civière pliante en plastique. Selon le poids du malade, le retour est plus ou moins lent.

Bientôt, l'homme qui se débat toujours, le volant en main, sera ficelé sur la civière.

Une autre équipe, faisant partie des assurances « Entre 5 et 8 », arrive et redresse la voiture. Debout, celle-ci est hissée et fixée à un pied spécial. Collée contre le trottoir, elle ne gêne plus. La voiture verticale sera, plus tard, emportée au dépôt.

M. Raymond est bien content d'être prévoyant et de ne pas risquer un accident aussi stupide. Avant de traverser Paris, il avale parfois jusqu'à deux ou trois « Tranquillant ». Grâce à ce médicament, il n'est pas du tout oppressé. L'horizon s'ouvre devant lui comme un immense éventail multicolore avec, sur chaque volet, l'image d'une voiture scintillante. Les effets bénéfiques du « Tranquillant » vont jusqu'à rendre beaux les embouteillages. A travers le gaz bleu, les carrosseries semblent devenir évaporées, fluides. Les adeptes du « Tranquillant » peuvent rester détendus, même immobilisés entre les camions, pendant des heures.

Au lieu d'avoir envie de les injurier, grâce au « Tranquillant », M. Raymond présume que les voitures sont les signes extérieurs de la richesse du peuple français — et il ne se considère plus comme l'enfant d'un pays sous-développé. Il est même fier du boulevard Sébastopol. Il a été élevé dans l'amour de son pays. Alors, il l'aime.

Le « Tranquillant » n'est conseillé que pour les traversées de Paris. Il est défendu d'en prendre avant de s'engager sur la route où il risquerait de causer des accidents supplémentaires. Ce médicament ôte, en effet, l'appréciation des distances. L'ayant pris, il est impossible de doubler quiconque. Sous l'effet du « Tranquillant », personne ne pourrait accélérer. A quoi bon ? L'idée d'être pressé ou d'avancer plus vite est exclue de l'esprit.

Pour trouver une place, M. Raymond tourne pendant vingt-sept minutes autour de la maison où il habite. Enfin, il réussit à garer sa voiture et il l'abandonne.

Il monte au cinquième étage de son H.L.M. A cause du « Tranquillant », il est obligé d'éviter l'ascenseur; le « Tranquillant » conditionne si parfaitement aux mouvements lents et apparemment sans aboutissement que ceux qui sont sous son effet ne peuvent plus sortir de l'ascenseur; ils deviennent les prisonniers d'une mécanique en marche !

Il monte donc à pied chez lui, il ouvre sa porte et il se dirige aussitôt vers sa petite cuisine. Là, il prend une bouteille du réfrigérateur et il se met à boire au goulot. Le « Tranquillant » provoque une soif exceptionnelle. Le palais devient sec, la langue blanche et l'haleine chargée de bile. « Après « Tranquillant », bois vite », dit la publicité d'une eau de grande source qu'on appelle, justement, « Boivite ».

Engourdi encore, presque saoulé, il contemple la bouteille en plastique qui porte l'étiquette « Grande source Boivite ».

Il entre alors dans la pièce principale de son logement et, d'un geste distrait, il allume la radio. La voix du speaker s'adresse à lui : « Buvez vite votre Boivite. » Une autre voix enchaîne : « Que vous soyez seul ou en famille, célibataire ou entouré d'enfants, vieux garçon endurci... » — le speaker fait : « Aïe, aïe... aïe... », comme s'il avait pitié — « ...ou bien jeune marié... » — le speaker imite le bruit des baisers bruyants — « ...en tout cas, vous venez de rentrer chez vous et vous avez besoin de détente. Répétez avec moi : j'ai besoin de détente. Bien. J'ai besoin de détente... Enlevez vos chaussures... Bien. Répétez avec moi : un, deux, trois, je me détends. Chaussure gauche... Continuons... Je me détends... Chaussure droite... Je me détends... Vous me suivez ?... Alors, si vos fenêtres sont bien fermées, respirez profondément et, en expirant, dites : Ah, ah, ah, ah... »

Dégoûté, M. Raymond ferme la radio et ne fait pas « ah, ah, ah, ah ». Depuis des semaines, fasciné par sa propre audace, il s'imagine en train de casser sa radio. Il se réserve ce plaisir. Il attend son moment.

Il se jette sur son canapé, regarde le plafond où se dessine la ferme de sa mère où il désirerait se rendre demain.

Si jamais il avait l'audace de partir malgré la présence d'un seul élève, il perdrait son travail et il ne pourrait plus être recyclé dans l'enseignement. Et puis, l'indemnité de chômage de ceux qui se trouvent désœuvrés à cause d'une faute professionnelle est réduite au minimum.

Il se redresse, il soupire et il retourne à la cuisine où il ouvre une boîte de pâtée spéciale pour enseignant, particulièrement riche en sels minéraux et en fer, nécessaires aux nerfs éprouvés. Le fabricant est le grand spécialiste de produits pour chiens et chats. Une vraie garantie quant à la qualité.

Il mange sa pâtée directement dans la boîte. A quoi bon salir une assiette ou bien en prendre une en carton qu'il faudrait jeter après ? Les bons citoyens essaient de ne pas augmenter la quantité de détritus qui submerge la France.

Il revient vers sa chambre et, dans son espace vital calculé au plus juste, il se promène avec une bouteille de Boivite à la main.

Ce soir, il est énervé à cause de la corvée des poubelles. Les habitants de certaines maisons, ceux qui s'occupent eux-mêmes de la disparition de leurs déchets, sont exempts d'impôts. L'Etat est en guerre continuelle avec les éboueurs matériellement choyés, mais qui se mettent quand même en grève à n'importe quel moment du fait de la dépression morale que leur cause l'impossibilité de débarrasser Paris des ordures. Les éboueurs doivent passer et repasser plusieurs fois dans le même quartier. La quantité de détritus est telle que même les équipes supplémentaires spécialisées dans « des travaux sans aboutissement » et payées en conséquence se découragent. Et les soldats à qui on impose cette corvée se font objecteurs de conscience.

Chaque nuit, deux locataires ou copropriétaires, selon le standing ou la catégorie de l'immeuble, fixent les poubelles sur le toit de leur voiture dans les porte-poubelles vendus au B.H.V. et s'en vont à la recherche d'un endroit propice pour se débarrasser de leurs détritus.

La tâche est moins aisée qu'on ne l'imaginerait. La décharge des déchets est interdite partout sous peine d'amendes très graves dont le montant pourrait dépasser largement le chiffre des impôts annuels. Les amateurs d'économies se lèvent de plus en plus tôt afin de pouvoir circuler à peu près librement.

A l'aube, Paris assiste à une étrange migration. Pareilles à des cafards qui seraient chargés d'un sac à dos, des voitures chargées de poubelles débordantes parcourent la ville et s'aventurent le plus souvent vers les banlieues.

Jusqu'à maintenant, M. Raymond avait un endroit rêvé pour faire disparaître le contenu des poubelles : un ancien blockhaus souterrain, avec un accès presque invisible, condamné depuis toujours, et situé, aussi étonnant que cela soit, près du boulevard Lannes. Malheureusement, il y a quelque temps, avant d'y pénétrer, il a oublié d'éteindre ses phares et il a été aussitôt suivi par plusieurs autres autos. Le blockhaus qui aurait pu le dépanner, lui seul, au moins pendant des mois, avait été rempli d'ordures en deux heures.

Il ouvre de nouveau la radio et il entend :

« Trop fatigué pour lire, vous vous couchez. Vérifiez si vos fenêtres sont bien fermées. Avant de vous endormir, respirez profondément et dites : « ah, ah, ah, ah... »

Il prend la petite radio dans ses deux mains, la contemple et la laisse soudain tomber par terre. L'appareil fait : « crac » et se tait.

Contre sa solitude, il faudrait qu'il s'offre la grande poupée gonflable capable de remplacer une femme. Son prix est de 980 francs et, lorsqu'on lui fait l'amour et qu'on s'appuie sur sa poitrine en polyester, elle fait « oh, oh, oh », comme si elle était émue. Au lit, elle n'est pas plus immobile qu'une femme insensible qui, pendant l'acte, le regard vide, observerait le plafond. Là poupée a l'avantage de sourire.

M. Raymond pense aussi à l'achat d'un appareil de télévision en couleur avec la chaîne spéciale pour adultes mariés. La France a pu enfin faire accepter par les Français sa chaîne couleur grâce à un conseiller du Sexe venu du Danemark, un fin psychologue qui a émis, le premier, l'idée d'une émission érotique en couleur. Evidemment, les appareils qui peuvent capter l'Erochaîne ne sont vendus qu'aux couples qui se présentent avec un livret de famille et un certificat de bonnes mœurs. En aucun cas, l'Etat, pudique, n'accepterait qu'on suscite des pensées et des désirs affriolants chez ceux qui ne pourraient les assouvir légalement. Les satyres, les malades et les obsédés sexuels ne peuvent, en aucun cas, profiter de cette chaîne au service du renforcement des liens conjugaux ramollis par l'habitude.

Pour les célibataires, il ne reste que les mini-cassettes pornographiques qu'on vend par correspondance, mais ces films, assez démodés, qu'on peut projeter sur un écran de télévision normal, sont assez chers, et, forcément, comportent toujours les mêmes variations banales. Tandis que l'émission de l'Erochaîne est en direct avec des sexacteurs qui se rencontrent pour la première fois sur le plateau du studio. La fraîcheur de leur comportement est ainsi sauvegardée.

Marié, M. Raymond pourrait acheter un appareil de T.V. avec l'Erochaîne. Il a désiré, il y a plus d'un an, épouser une charmante jeune fille. Elle était institutrice, mais classée F2, alors que M. Raymond se trouvait dans la catégorie A7. Pendant des mois, ils ont accumulé les démarches afin d'obtenir un seul appartement de deux pièces, cuisine, salle d'eau à la place du studio-cuisine que chacun habitait. Les bienveillantes manipulatrices d'ordinateur n'ont jamais réussi à faire sortir une fiche grâce à laquelle le futur couple aurait pu être réuni en un seul logement.

Les règlements très stricts quant à la moralité de la vie quotidienne à Paris leur interdisant les rendez-vous, M. Raymond ne pouvait pas aller chez elle et elle se trouvait dans l'impossibilité de venir chez lui. Leurs relations s'effritèrent. La disparition des derniers hôtels de passe — ils ont été tous vendus en appartements — les privait aussi des charmes possibles d'une liaison.

M. Raymond a appris justement, avant-hier, que la jeune femme s'était fiancée et qu'elle allait épouser un autre F2.

Henri Raymond regarde son lit, un vrai nid à cauchemar. Henri n'a rien d'un ascète. Il rêve déjà de la poupée libératrice payée par traites. Pour un supplément, elle noue ses jambes autour des hanches de l'homme. Pour cela, il suffit juste de pousser sur un bouton qui se trouve sous l'aisselle gauche de la poupée en polyester. Le prospectus l'affirme.

Meurtri du désir de s'évader de sa vie solitaire, M. Raymond se couche. Il s'imagine en

Australie, allongé dans un pré. Nu dans l'herbe qui le chatouille, bien à l'aise dans la peau de l'homme qu'il aurait aimé être, il contemple un horizon sans bâtiments.

Il croit découvrir une source qui aboutit à un petit lac transparent dont le fond est recouvert de cailloux multicolores. Auprès du lac, une nuée de paysannes robustes, nues elles aussi, jouent à cache-cache. Au fur et à mesure que les filles de rêve passent devant lui, infatigable il les prend une par une; avec une douceur extrême, il les pénètre. Les paysannes ravissantes aussitôt possédées se sauvent pour se jeter dans l'eau et s'y éclabousser.

Humide de sueur, il se tourne et se retourne toute la nuit sur son lit. Son réveil le rappelle bientôt à l'ordre; c'est l'heure des poubelles. Il faut qu'il s'en aille, qu'il fasse son devoir de citoyen fidèle à sa parole, conscient de ses engagements civiques. Et encore, il faut le dire, c'est, en Europe, la France qui, grâce à son sens de l'économie, jette le moins de détritus !

Dans les rues jaunes, sous la lumière des néons, les voitures chargées de poubelles circulent déjà. M. Raymond entre dans une rue en sens interdit et il réussit à vider le contenu de sa poubelle dans la gueule béante d'un chantier où la terre est creusée pour faire des garages souterrains. Cela est strictement défendu; c'est même antipatriotique.

CHAPITRE IV

Les rayons ultraviolets chauffent les couches de produits chimiques qui épaississent l'atmosphère. Peu à peu, la ville se recouvre d'une brume nacrée.

Bien en avance, M. Raymond arrive à l'école vers 8 h 10. Il espère le miracle que serait la défection de Martin. Ses collègues arrivent vêtus de costumes campagnards. Tout heureux, le sourd d'hier annonce :

— Ça y est, c'est débouché. Le médecin m'avait bien dit que c'était la pression d'air qui m'avait assourdi. Savez-vous que...

Personne ne l'écoute.

Ceux qui ont eu déjà Martin dans leur classe savent que M. Raymond n'a aucun espoir de partir; ils l'entourent avec condescendance.

Le directeur se frotte les mains :

— L'année prochaine, Martin ira au lycée.

Vous vous rendez compte ? A cause de Martin, pendant sept ans, le lycée n'aura jamais un « pont » complet, jamais...

Près de la grande fenêtre, les instituteurs se groupent derrière M. Raymond.

Les trois arbres en cage frissonnent de bonheur. C'est un jour sans supplice. Vers 11 heures, le soleil les effleurera.

Les secondes sautent sur les horloges électriques en faisant « tac-tac-tac », mais avec un décalage imperceptible entre chaque « tac-tac-tac ». Il faut s'habituer à ce décalage; il pourrait rendre n'importe qui hypernerveux.

8 h 27 : tac... 8 h 28 : tac... 8 h 29 : tac...

La concierge tire péniblement chaque côté du portail et, devant les yeux émerveillés des instituteurs, la rue s'étale. Elle est paisible sans la horde grise. Le soleil réussit à semer quelques lentilles de lumière sur les pavés.

— Vous avez du pot, s'il ne vient pas... Vous êtes un de ces veinards...

Le directeur se retourne vers Henri Raymond.

— Mon cher collègue, dit-il, ému, il lui est arrivé quelque chose. Permettez que je vous félicite.

Tac : 8 h 30...

Un silence s'établit. La concierge se mouche

longuement. Elle est tout près de refermer la grande porte quand, soudain, on entend : « clip-clap-clop », un petit bruit de pas qui se greffe sur le bruit de fond, plus lointain, de la circulation. Les « clip-clap-clop » se précipitent et, soudain, les instituteurs voient apparaître Martin penché légèrement à droite sous le poids de son cartable. La tête baissée, comme s'il comptait les pavés, il arrive. Il entre dans la cour, il passe à côté des arbres et les instituteurs écoutent le martellement précipité de ses semelles sur les marches; bientôt, ils aperçoivent Martin dans le couloir.

— Et voilà Martin, ce sale cabochon de cabochard, ce crevard increvable, ce fanatique du devoir, ce monument de santé, le voilà ! dit le directeur dans un seul souffle.

— Je l'emmènerai avec moi en Normandie ! s'écrie M. Raymond.

Ses mains se crispent sur les barreaux de la fenêtre.

Les autres s'en vont discrètement, sur la pointe des pieds. N'importe lequel d'entre eux aurait pu être ou a déjà été la victime de Martin. Qui oserait plaisanter ?

Au moment où les instituteurs s'éloignent silencieusement, les pas de Martin font « clap-clap-clap-clap » sur les dalles. Les pas sont aussi réguliers que les « tac-tac-tac » des secondes qui sautent sur l'horloge. L'école devient un instrument de musique bizarre : un ensemble de ciment, de puanteur et de désespoir, une sorte de piano futuriste sur lequel le destin jouerait sa musique d'ultra-sons.

Bientôt, M. Raymond se retrouve avec l'élève assidu dans la classe. Martin s'installe à sa place. Il range ses affaires et, sans que cela soit nécessaire, taille un crayon. On n'en a pourtant plus besoin; les enfants dessinent maintenant avec des bâtons à injection, lesquels, selon la chaleur et l'humidité de la main, changent de couleur. Le seul contact épidermique de l'élève détermine la couleur et aussi la forme du jet... Ainsi chaque dessin est-il considéré aussitôt comme un test à classer. Et ceux-ci sont périodiquement soumis à un ordinateur qui définit les aptitudes diverses des élèves et joue son rôle au moment de l'orientation professionnelle.

Martin défie M. Raymond du regard. Depuis bien longtemps, c'est la première fois que M. Raymond n'entend pas : « V'là le con ! ». Il se croit ailleurs.

L'instituteur et l'enfant se dévisagent. Pour le haïr mieux, M. Raymond aimerait déceler de l'impertinence dans le regard de Martin, mais aucun sentiment répréhensible ne traverse les pupilles attentives. Martin attend.

— Alors ? dit M. Raymond.

Le garçon reste muet.

M. Raymond continue :

— T'es content... nous avons bonne mine... Les autres sont libres. Tout le monde est libre, sauf nous.

M. Raymond descend de l'estrade et s'approche de Martin qui recule instantanément.

— N'aie pas peur, dit M. Raymond, je ne tape pas comme mon collègue. Je ne t'ai jamais fait de mal. Pourquoi te recules-tu ?

L'enfant ne répond pas.

« Pourquoi ne répond-il pas ? » se demande M. Raymond. « Il devrait dire non. »

Il se penche vers lui. L'enfant reste immobile.

— Dis, Martin, voudrais-tu venir avec moi en Normandie ?

L'enfant répond automatiquement :

— Calvados, 14.

— Ce n'est pas ça, dit M. Raymond; ce n'est pas seulement Calvados, 14. C'est les arbres, le ciel, l'air.

— Peux pas, dit Martin. Il y a la classe.

— Ma mère a une ferme, dit M. Raymond, et des poules.

Martin, renfrogné, fait non de la tête.

M. Raymond l'interroge.

— Quoi ?

— C'est pas intéressant, les poules. Ça bouge pas. J'ai lu qu'elles sortent de l'œuf, grandissent et meurent sans avoir eu à bouger. Elles ne peuvent même pas regarder derrière elles, même pas tourner la tête. Elles n'ont pas de place. Il y a trop de poules.

— Celles de ma mère picorent dans l'herbe.

L'enfant réfléchit :

— L'herbe ? Vous avez de l'herbe ?

— De l'herbe verte, avec des pâquerettes.

— Des pâquerettes ?

— Oui, dit M. Raymond, ce sont des fleurs qui poussent dans l'herbe.

— Des fleurs qui poussent dans l'herbe, dit Martin avec intérêt. Je pourrais voir de vraies fleurs dans l'herbe ?

— Oui, et tu pourrais même en cueillir.

Martin se met à sourire. Il n'a peut-être jamais entendu parler d'une chose aussi attirante : cucillir des fleurs...

Mais, soudain, il se tasse et dit :

— Ça ne vaut pas la peine. S'il y a de l'herbe, les suricates viendront, et les suricates, je peux les voir au square.

— Il n'y a pas de suricates chez nous ! s'écrie M. Raymond.

Martin baisse la tête.

M. Raymond essaie de capter l'attention de l'enfant :

— Ecoute... Ma mère a gardé un vieux cheval. Il s'appelle Bonnot. Il est gentil. Tu pourrais faire quelques tours sur ce cheval...

Dans le visage gris de l'enfant, ses yeux gris semblent irisés par un afflux de sang. Une seconde, il perd son aspect poussiéreux. Il répète :

— Un cheval... J'ai vu l'image d'un cheval dans le livre de géographie de l'année dernière. J'aimerais voir un cheval vivant.

M. Raymond saute sur l'occasion.

— Tu habites où ?

— Près du Sacré-Cœur... rue Muller... presque en face du square Saint-Pierre. C'est pas loin, je viens toujours à pied.

— Si on s'en allait à la campagne, dit M. Raymond, il faudrait que nous allions tout de suite, avec ma voiture, chercher ta petite valise, et hop !

L'enfant ne répond pas. M. Raymond frémit et reprend :

— Tu as bien dit que tu veux venir ?

— Oui.

— Alors ?

— Rien.

— Tu ne veux rien dire ?

L'enfant hausse les épaules.

— Il faut demander à maman.

Dans la rue étroite, la vieille maison est toute en hauteur, avec trois petites fenêtres par étage. L'escalier semble prêt à s'effondrer, mais il est propre et ciré à mort.

— Nous, on habite au cinquième, dit Martin, juste la porte du milieu. Il est difficile de se tromper, maman a mis notre nom. Les autres ont rouspété parce qu'on sonnait toujours chez eux à cause de nous.

Ils gravissent les marches et, de temps à autre, M. Raymond pose une question :

— Pourquoi ne manques-tu jamais la classe ?

— Parce que...

M. Raymond jette un coup d'œil sur Martin. L'enfant ne se moque pas de lui.

— Quand il y a un « pont », tu pourrais rester chez toi.

— A la maison, j'apprends rien.

— Je n'apprends rien, corrige M. Raymond.

Car, continue-t-il, tu considères qu'en classe tu apprends quelque chose ?

— Oui. Mais vous n'avez pas terminé avec Louis XVI. Je me demande comment c'est quand on vous coupe la tête.

Ils s'arrêtent sur le palier du cinquième, devant la porte du milieu. Martin sonne trois petits coups. De l'intérieur, un flot de paroles les accueille.

Dans l'embrasure de la porte, apparaît une femme grise comme son fils, quelqu'un d'aimable mais sans visage.

M. Raymond a gardé quelques tics démodés; il se met, de temps à autre, à chercher un regard dans un visage; il essaie de capter une lumière dans les yeux de Mme Martin.

La mère de Martin s'exclame :

— Jean ? A cette heure-ci ? Qu'est-ce qu'il a fait ? Jean, qu'est-ce que tu as fait ?

M. Raymond dit :

— Tout va bien. Votre fils n'a rien fait. J'ai à vous parler. Pourrais-je entrer un instant, madame ?

— Je ne comprends pas.

— Si vous permettez que je m'explique...

— Entrez.

M. Raymond franchit le seuil et il se trouve

dans le logement où un homme parle. Où peut-il être ?

— Si vous n'êtes pas seule, madame...

Interloquée, elle ne répond que lorsqu'elle se retrouve dans la pièce encombrée.

— Pas seule, moi ? Mais si, je suis seule.

M. Raymond fronce les sourcils et n'ose pas l'irriter avec une autre question.

— Asseyez-vous, dit Mme Martin. Qu'est-ce qu'il a fait, mon fils ?

— Rien.

M. Raymond est à ce point gêné par la voix monotone de l'homme qui parle sans cesse qu'il perd le fil de ses pensées.

L'enfant, dérangé dans son rythme quotidien, mal à l'aise chez lui à cette heure-ci, s'asseoit sur une chaise et regarde ses chaussures.

M. Raymond s'exclame :

— Ah, c'est la radio ! Ne pourriez-vous pas fermer un instant la radio, madame ?

Martin se met à sourire. Et il dit, presque pour aider l'instituteur :

— Maman a la transistorite; c'est pour ça que je reste toujours à l'étude. Ici, on ne peut pas travailler et, à la cuisine, on entend la radio des autres.

— Transistorite, transistorite... dit Mme Martin irritée. Le voilà, le grand mot. C'est vrai, j'ai été malade pendant un certain temps; on m'a donné des médicaments pour que je puisse subsister sans écouter la radio. Sous l'effet d'une piqûre, je supportais d'abord six heures de silence, après seulement cinq heures, puis j'ai eu besoin d'un médicament toutes les quatre heures pour tolérer l'absence de paroles. A quoi bon devenir une vraie droguée pour le silence ? J'ai une amie qui en est à deux piqûres pour une heure de silence. Je préfère avoir une légère transistorite. Elle est chronique, mais pas grave. Et ça ne regarde personne.

— Si, dit Martin. Ça me regarde. Je ne peux pas étudier à la maison. Même en dormant, tu écoutes ta radio.

Mme Martin le rabroue.

— Tu n'as qu'à te taire.

Elle baisse quand même le son et l'homme, derrière le micro invisible, parle sourdement de finances.

— Voilà, dit Raymond, ma mère a une ferme en Normandie. Je voudrais y aller. Il y a le « pont » de jeudi à lundi.

— Mais nous ne sommes que mardi matin, fait Mme Martin.

— Justement, madame. L'école se vide, tout

le monde s'en va. Il n'y a que votre fils qui ait été présent ce matin en classe. Si vous permettez, je l'emmènerai avec moi. Un peu d'air frais lui ferait du bien.

Mme Martin prend une attitude renfrognée.

— De l'air ? Il n'a pas l'habitude de l'oxygène. Vous le rendrez malade. Nous ne quittons jamais Paris. Nous n'allons jamais à la campagne. Le médecin qui m'a signé la feuille de Sécurité sociale pour la transistorite a dit que nous sommes tellement empoisonnés par les gaz que nous sommes comme immunisés. En cas de guerre chimique, nous serions plus résistants que ceux qui sortent de Paris. Ce pauvre petit... l'air frais l'enverra au lit. Quand on n'a pas l'habitude, l'air frais est nocif. Vous l'exposerez à un danger.

Parce que l'homme parle toujours de finances et que M. Raymond doit faire une surenchère en élevant la voix pour se faire comprendre, il sent sa tête grossir, enfler comme une citrouille.

— Au contraire, madame, lui, il peut encore s'habituer... s'entraîner à l'absorption d'une certaine dose d'oxygène. Imaginez qu'un jour, avec la décentralisation, on le sorte de force de Paris; il devrait aller dans un centre de Rééducation pulmonaire au moins pour six mois !

— Je ne veux pas qu'il manque la classe, dit Mme Martin.

— Cet enfant a besoin de soleil, madame.

— Pour le soleil, on a le square en face.

M. Raymond se lève et s'approche de la fenêtre.

— Ça ?

— Oui, dit l'enfant.

Et soudain, comme cherchant une sorte de refuge, il va près de lui :

— Oui, en été, quand il n'y a plus personne à Paris, sauf les intoxiqués comme nous, il y a un oiseau qui vient, pas un moineau, un autre oiseau, un peu gris et, juste sur son dos, on dirait qu'il y a une seule plume rouge. Je le reconnais à cause de cette seule plume rouge. Mais peut-être que c'est du sang séché. Ou il est peut-être blessé, je ne sais pas, moi...

— Qu'est-ce qu'il fait votre mari ? demande M. Raymond en se retournant vers Mme Martin.

Il se sent devenir agressif à force de tristesse. Un temps passe et la tache d'huile se referme sur lui. Ce néant nauséabond l'engloutit. Il voudrait partir, s'arracher d'ici, mais l'obstacle semble insurmontable.

— Mon mari ? Il est parti. Fini le mari... Je

me suffis à moi-même. Je suis couturière. C'est un très beau métier; rare, surtout : il n'en reste que deux sur Paris. Les vêtements, ils sont tous préfabriqués ou soudés. Moi, je couds, je suis une artiste. Il faut me considérer en tant qu'artiste. Je n'accepte de faire que ce qui me plaît. Chez moi, c'est une vraie palette de peintre...

Sur les meubles anodins, sur les chaises, à l'intérieur de l'armoire à demi ouverte, des tissus abondent en effet, des galons dégringolent, des pompons bondissent.

— J'ai des morceaux, dit le petit garçon blafard.

Il apporte un sac et déverse une colline de chiffons sur le sol en plastique.

— Quand on vient voir le Sacré-Cœur en car, continue Mme Martin, aux touristes qui s'arrêtent devant la maison, le guide explique qu'une des deux couturières qui restent encore à Paris habite ici. J'en suis très fière. Un jour, on mettra une plaque commémorative sur cette maison.

— J'aimerais emmener votre fils à la campagne, reprend M. Raymond.

Il s'entend à peine.

Le petit vient à son aide.

— Maman, ils ont un cheval.

Mme Martin se retourne assez violemment vers M. Raymond :

— Pourquoi le tenter? Après, parce que vous ne l'emmènerez plus jamais, il en souffrira. Vous voulez partir avec lui une seule fois et l'empoisonner avec de l'oxygène et avec de la verdure et avec le ciel... Nous, monsieur, nous sommes dans la catégorie des non mobilisables, nous recevons une indemnité parce que nous n'avons pas de voiture, et on nous verse de l'argent parce que nous sommes des intoxiqués. Sans avoir à toucher à une seule poubelle, je ne paye pas d'impôts parce que je ne quitte jamais Paris.

M. Raymond se sent faiblir :

— Et en été, madame ?

— La même chose. La piscine n'est pas loin.

— Maman, j'aimerais monter sur un cheval. J'ai déjà été sur un chameau, mais je n'ai jamais vu un cheval de près.

Elle scrute Henri Raymond du regard :

— Votre histoire ne me plaît pas. Dieu sait pourquoi vous voudriez emmener ce gosse. Il y a tant de vicieux...

M. Raymond serre les mâchoires. S'il injuriait la mère, le dernier espoir de départ s'évanouirait. Il pèse ses mots :

— Il ne faut pas chercher midi à quatorze heures, madame. Tout cela est très simple. Je voulais rendre visite à ma mère, je vous l'ai dit; elle habite près de Lisieux; c'est tout. Et, votre fils présent, je n'ai pas le droit de quitter l'établissement scolaire.

— Vous n'avez qu'à dire aux autres élèves de rester. Il faudrait un peu plus de discipline, monsieur.

— Mais, madame, les parents eux-mêmes enlèvent leurs enfants trois ou quatre jours avant la vraie date du départ.

— Nous ne nous séparons jamais, lance soudain Mme Martin.

Le souvenir à peine évoqué du père parti s'épaissit sur la pièce. Rétrospectivement, M. Raymond donne raison à l'homme qui s'est sauvé d'ici.

— Vous habitiez ici avec lui ?

— Avec qui ?

— Avec votre mari.

— Ça vous regarde ?

— Non.

Il baisse la tête pour ne pas être saturé de cet amoncellement de tissus, de ce mortel désordre multicolore. Les meubles semblent vomir les tissus de tous les côtés. Deux armoires mal fermées parce que trop bourrées trahissent leur contenu. Une commode dont les tiroirs, gonflés de soies et de lainages, sont pleins à craquer, s'appuie à un mur recouvert de papier fleuri. Le papier lui-même, qui représente une forêt vierge de tournesols fous, accentue l'aspect tourmenté de la pièce. Les tournesols dévergondés au long de lianes se tortillent sur les murs. Un tapissier fantasque a collé des tournesols jusque sur le plafond !

Une rafale d'éclats dorés fuse dans l'iris de Mme Martin. Bouillonnante de colère, elle lance :

— Vous vous croyez au Louvre ? Qu'est-ce qu'il vous prend de regarder comme ça, hein ?

Sur le mur, les tournesols s'étranglent de rire.

— Excusez-moi, madame, dit-il. Ne pourriez-vous pas fermer la radio un instant ?

— Je ne supporte pas le silence, dit-elle.

— Le silence...

Dans la petite rue bouchée par un camion, les voitures klaxonnent. Un vrai concert monte vers le 5e étage.

— Le silence...

Elle hausse les épaules.

— Oh, la rue ?... La rue, je ne l'entends pas. Si je m'occupais de la rue, je serais dingue depuis déjà longtemps. Quand on déterre les suricates, quel chahut !

— Les suricates ?

— Oui, le square en est plein.

— Maman, dit Martin, ils ont un cheval, un vrai cheval... J'aimerais voir un cheval.

— Tu en verras, plus tard... répond la mère.

— Il s'appelle Bonnot, ajoute M. Raymond.

Et il lutte farouchement contre une lassitude malsaine qui, peu à peu, l'envahit. L'émanation qui se dégage des tissus accumulés bouche ses narines comme deux tampons de coton imbibé.

— Faites votre travail ! s'exclame-t-elle. Ramenez mon fils en classe !

— Maman, j'aimerais voir le cheval.

Dorénavant, comme hypnotisé — quelle force sournoise le subjugue, il n'en sait rien — M. Raymond prononcera des phrases qui lui sembleront bizarres et étrangères à ses désirs vrais. Il parlera malgré lui.

Il énonce d'une voix très calme :

— Votre fils, je pourrai le prendre chaque fin de semaine avec moi.

— Merci, dit la mère. Et moi, en attendant son retour, je deviendrai blanche d'horreur. Vous me voyez avec des cheveux blancs ? Je

suis déjà assez moche... Alors, avec des cheveux blancs, merci. Je sais ce que c'est que la
route, moi : mon neveu y fait son service militaire.

L'homme de la radio parle d'un produit, lequel, aussitôt pris, enraie la fatigue, la fatigue
de toute sorte, sexuelle aussi. Une chanteuse
se met à ronronner, peut-être avec le micro
dans la bouche : « Prends Maime et aime !
Aime-moi, aime-moi... tu ne le regretteras
pas. » L'annonceur ajoute : « Trois Maime
par jour et la vie est à vous. Prenez Maime et
aimez la vie. »

Il faudrait dire au revoir à cette femme,
partir d'ici le plus vite possible, reprendre la
classe, et, le regard vide, débiter les cours. Ce
serait presque beau : être resté dans Paris, le
seul instituteur avec l'unique élève ; ce serait
une odyssée à l'envers, le voyage immobile, le
retour vers soi-même, le plaisir douloureux de
l'abnégation, une sorte d'onanisme intellectuel. « Dommage que je ne sois pas maso-
chiste », pense-t-il. Et, en même temps, monte
en lui comme une bouffée de chaleur. Il pourrait étrangler cette femme et la découper en
morceaux... Son regard s'attarde sur deux rides horizontales qui, comme un double col-
lier, entourent le cou de Mme Martin, deux ri-

des fines bien marquées. Si ces rides étaient des fils de fer, pense-t-il, je n'aurais qu'à tirer sur les deux bouts et, peu après, étranglée, elle sortirait la langue. Il aimerait trouver les deux bouts invisibles des deux rides horizontales et commencer à les serrer...

Martin se racle la gorge.

— Il y a une selle ?

— Quoi ?

— Pour monter. J'ai lu que, d'habitude, on met une selle sur un cheval.

— Oui, il y a une selle accrochée au mur, dans l'écurie.

— L'écurie ?

— Oui.

— Avez-vous du fumier, monsieur ?

— La bouse de vache et la crotte de Bonnot, oui.

— Parce que vous avez aussi une vache ?

— Deux.

— Maman, il y a deux vaches aussi, maman !

L'idée d'étrangler quelqu'un avec ses propres rides l'amuse. En regardant Mme Martin, il évoque avec une tendresse fraternelle le souvenir d'un tueur de femmes, autrefois célèbre...

Mme Martin lève sur lui son regard jaune.

— Jean ne m'avait pas dit que vous étiez jeune. C'est vrai, continue-t-elle, vous êtes jeune.

— Tout est relatif, madame.

Sentant qu'elle se heurte à une défense passive, elle redevient mauvaise.

— Vous n'êtes pas vieux, quoi ! corrige-t-elle.

Sans quitter Henri Raymond du regard, Mme Martin interroge :

— Tu as envie d'y aller, toi ?

Sans émettre un son, Martin fait « oui » de la tête.

« Il pourrait parler, ce crétin », pense M. Raymond. « Il devrait hurler : oui, je voudrais y aller, maman. »

— Non, s'exclame-t-elle, soudain. Je dis non. Le savoir seul sur la route, sans moi...

Apparemment placide, mais profondément affolé, son subconscient en alerte, M. Raymond se voit prisonnier d'une immense araignée : lui, tout petit, à peine plus volumineux qu'une mouche, il se débat dans les fils gluants de la toile aussi profonde qu'un entonnoir. Juste à ce moment, l'araignée se rend compte que le piège perfectionné a marché admirablement. Elle avance lentement, sûre d'elle-même. Ses yeux myopes d'insecte monstrueux contemplent avec un vif plaisir le visage de M. Raymond. D'un fil à l'autre, comme une joueuse de harpe qui marcherait sur les cordes, l'araignée avance. Bientôt, sa patte velue effleurera M. Raymond.

M. Raymond lutte encore. Il rêve de plaquer sa propre main sur sa bouche; il voudrait s'empêcher de parler. D'où vient cette terreur ? Pourquoi le visage de sa mère lui apparaît-il, tous ses traits l'adjurant de ne plus dire un mot ? Pourquoi cette envie de sangloter, de hurler, de s'enfuir ? Pourquoi ce coup d'œil désespéré par la vitre sale de la fenêtre ? Pourquoi la rue tentatrice qui tend ses bras ? Jamais il n'a pensé à se suicider. Pourquoi donc cette panique irrésistible à l'idée qu'il va déterminer sa mort malgré lui ?

— Je vous emmène aussi, prononce-t-il d'une voix rauque.

Sa bouche lui fait mal comme si elle était, soudain, emplie d'aphtes. Les mots l'ont brûlée.

— Si vous voulez, madame...

Elle s'approche de lui. Une odeur particulière se dégage d'elle. Cette odeur douceâtre composée d'un parfum bon marché, d'un savon aux œillets et, peut-être, d'une transpiration légère est irritante. Il aimerait trouver l'image que l'odeur évoque en lui, reconnaître cette image, l'identifier, la faire surgir des décombres de ses souvenirs.

— Vous êtes gentil, fait Mme Martin.

Elle lève lentement la tête, pointe sur Henri son regard pailleté, entrouve légèrement la bouche et, du bout de la langue, humecte sa lèvre inférieure. Mme Martin est molle et sucrée comme une pâte de guimauve. D'accord à l'avance, elle exige d'être convaincue.

— On ne va pas déranger votre maman ?

— Non, dit-il. Non, il y a de la place. Tant qu'on veut. Votre visite nous ferait plaisir.

— Le cheval, maman, prononce Martin. J'aimerais voir Bonnot.

Il a retenu le nom.

— Parce que vous insistez tellement, dit-elle, j'accepte l'invitation.

Il ressent un choc et il voit — comme dans un film où la même séquence repasserait — sa tête qui dégringole dans une corbeille.

— Ça ne va pas ? dit Mme Martin.

— Le printemps m'est pénible en ville. Je suis fils de paysan, la vie à Paris ne me réussit pas.

— Oh, le pauvre, dit-elle, sans l'ombre d'une pitié. Le Plan 8 vous a recentralisé ?

— Oui. Quand j'ai demandé à rester à Lisieux, j'ai été affecté à Paris.

— A notre époque, il ne faut rien demander à personne, dit Mme Martin, parce que, tôt ou tard, le contraire de vos souhaits vous retombe sur la tête. Eh oui !...

Avec ses mains caoutchouteuses, apparemment sans articulations, deux vrais poulpes agiles au bout des bras, elle recouvre sa machine à coudre. Ses doigts, où les ongles sont peints au vernis argenté, ressemblent à des tentacules.

Fasciné, M. Raymond l'observe. Il ne serait guère étonné si elle ne pouvait plus détacher ses doigts-ventouses du couvercle métallique de la machine à coudre. Elle parle. Les paroles accompagnent chacun de ses mouvements.

— Je n'ai pas la mallette de province de « La vie dangereuse illustrée. » Elle est assez chère, mais bien fournie.

— Ce n'est que de la publicité ! dit-il. Vous ne serez pas malade chez nous, je vous le garantis.

Elle n'attache pas d'importance aux réponses de M. Raymond. Elle continue :

— Je fais ce qui me plaît. Je ne couds pas n'importe quoi. Quand je touche à un tissu, je sais aussitôt si je supporte de le travailler

70

ou si je dois le rejeter. Il m'arrive même de demander aux clientes un temps de réflexion.

Elle soulève un coupon.

— Par exemple, vous voyez, avec ça, je ne ferai rien. Ce matin, en buvant mon café décaféiné, j'ai réfléchi et je me suis dit : « C'est à rendre. » Savez-vous pourquoi ? Je parierai que vous ne trouverez pas la raison. Eh bien, je vais vous le dire : les fleurs en relief y sont en velours, et le velours me donne des frissons, exactement comme la peau des pêches. C'est bête, hein ? Regardez donc, elle est belle, cette soie, mais alors, les fleurs... Il suffit d'y jeter un coup d'œil et j'ai déjà la chair de poule. Touchez ma peau... si vous n'y croyez pas... touchez mon bras. Vous ne voulez pas le toucher ? Eh bien, ne le touchez pas. Et puis, entre nous, je ne raffole pas du marron. Et vous ? Savez-vous que, dans la vie, il ne faut jamais rien faire à contrecœur ?

— On vit à contrecœur, dit M. Raymond. Je fais tout malgré moi, contre moi.

— Même l'amour ?

M. Raymond est choqué.

— Je ne suis pas pour la liberté d'expression devant les enfants.

Elle hausse les épaules, elle range, elle plie, elle met les tissus en pile d'un côté pour les défaire plus loin et recommence aussitôt la manœuvre de l'autre côté. Il semble à Henri Raymond que ce qu'elle fait n'a ni fin, ni commencement, ni sens.

— Oh, vous savez, dit-elle, les enfants... Ça ne vaut pas la peine de s'en faire à cause d'eux !

Elle poursuit :

— Merci... les enfants... ce ne sont que de pauvres petits vieux.

— Les parents les ont abîmés aussi, réplique-t-il timidement.

Elle se cabre.

— Je n'accepte pas qu'on me critique. Je suis une femme seule et j'ai beaucoup de difficultés pour élever mon fils. Et je l'élève convenablement.

— Je ne vous critique pas, madame. Si vous voulez arriver à l'autoroute avant midi, il est temps de partir.

— Je suis prêt, lance Martin.

— Je garde ma robe, annonce la mère. Elle n'est ni trop chaude ni trop froide. Elle est pour entre les deux saisons. Et elle est pratique, elle est infroissable. Elle est en marathonite.

Elle répète ce slogan publicitaire avec un naturel désarmant :

— Le marathonite est bon pour petits et grands !

Pour l'amadouer, pour la presser, M. Raymond inventerait n'importe quoi. Il dit précipitamment, heureux de sa trouvaille :

— Le tissu avec des fleurs en relief n'est pas en marathonite, n'est-ce pas ?

— Evidemment non, dit-elle. Le marathonite se colle; il est impossible de le coudre.

Henri désirerait lui plaire. Il continue :

— Je suis persuadé que la couleur a dû jouer. Plus fort que vous ne le croyez... Le marron fait trop vieux. Ce n'est pas pour vous.

Il a réussi son compliment. « Pour une fois », se dit M. Raymond.

Elle se mit à sourire.

« Psychologue, hein ? C'est un peu vrai, ce que vous dites. Je ne digère pas le marron. Souvent, hélas, il faut coudre pour les vieilles femmes. Les jeunes ont des vêtements collés ou soudés ou si courts qu'on peut les faire d'un seul morceau, sans couper quoi que ce soit. Des coupons ou des morceaux de métaux, quoi !...

Les rayons jaunes se cognent contre la vitre.

— Il va faire chaud, hein ? Je devrais laver

les vitres, mais elles redeviennent sales aussi-tôt.

Un relent de poussière se dégage des mon-ceaux de chiffons.

L'homme de la radio expose longuement sa théorie sur les méfaits psychologiques de la stérilisation momentanée de l'homme. « La procréation exclue ôte souvent l'envie de l'union physique et gêne ainsi le déroulement normal de l'acte sexuel. Voilà donc la preuve qu'il serait erroné de croire que l'homme cherche seulement son plaisir. Indépendam-ment de sa volonté, dans son subconscient, et sans qu'il en soit responsable le moins du monde, l'homme, féru de toutes sortes d'idées surannées surgies du passé, est infiniment plus conservateur... Aussi étonnant que cela soit, il aime pénétrer la femme avec l'idée de la procréation. En imaginant qu'elle dépend de lui sur tous les plans, il devient plus ar-dent. »

Aussitôt après, une voix de femme, intime et chaude, parle en chuchotant presque à l'oreille des auditrices : « Mesdames, n'hésitez donc pas un instant, suivez mon exemple, faites-vous vacciner à temps avec l'« Antisper-matozoïde », et laissez à votre compagnon ses fantaisies et, surtout, ses illusions quant à sa liberté sexuelle. Du coin de l'œil, sans perdre une seconde votre sang-froid, surveillez ses ébats. Sachant bien que, vous-même, vous êtes préservée de tout danger, vous serez une spectatrice agréablement surprise par les joies de l'autre. L'homme de votre vie croira que vous courez des risques, d'où son bonheur. Le produit en question est à votre disposition aussi bien chez nos dépositaires que dans toutes les pharmacies. »

— Ne pourriez-vous pas éteindre la radio ? dit M. Raymond, gêné. Si vous croyez que, pour un enfant...

Mme Martin se rétracte :

— C'est une excellente émission médicale pour femmes seules... c'est-à-dire pour les femmes qui sont seules, le matin, chez elles. Il y en a encore, heureusement, quelques-unes en France. Si vous êtes là avec mon fils, c'est de votre faute, pas de la mienne. S'il entend cette émission, c'est parce que vous êtes revenu, alors que...

Martin est déjà dans la porte.

— On s'en va, maman ?

Henri prend la valise de Mme Martin. Celle-ci ferme soigneusement le verrou de l'entrée. A la fin, elle s'appuie deux ou trois fois contre le battant.

— Vous voulez l'enfoncer ? demande Henri, étonné.

— Vous n'êtes pas drôle. C'est pour me rassurer, dit-elle. Je suis maniaque. Seulement un peu... mais maniaque. Quand je suis partie, j'imagine que je n'ai pas assez bien fermé, j'ai envie de revenir, j'imagine que quelqu'un d'autre entre... Avec tous ces tissus que j'ai là, je dois prendre des précautions. Si on les volait... Vous imaginez ? Rembourser tout cela.

Tous les trois descendent l'escalier à la queue leu leu et, à chaque pas, les marches grincent. En bas de l'escalier, ils s'arrêtent devant la loge de la concierge.

Mme Martin frappe au carreau. Au bout de quelques secondes, la concierge tire le rideau et son visage aux traits tirés, aux yeux ternis, démesuré, apparaît derrière la vitre.

— Elle n'ouvre jamais, dit Mme Martin, elle a peur des suricates.

Elle soulève sa valise et la montre à la concierge. Elle crie pour être bien entendue :

— Nous partons à la campagne, madame Chenot. Si on me cherchait, dites que je reviendrai après le « pont ». Quand, exactement, monsieur Raymond ?

Celui-ci répond :

— Dimanche soir, mais tard.

— Mme Martin répète :

— Dimanche soir, mais tard.

Soudain, elle laisse apparaître sa joie très personnelle, assez tamisée, quelque peu anémique. Mais c'est une joie quand même.

Derrière la vitre légèrement déformante, le visage de la concierge change d'expression.

— M'avez-vous entendue ? crie Mme Martin.

La concierge fait oui de la tête.

Henri Raymond, Mme Martin et son fils sortent de l'immeuble.

— Il fait chaud, dit Mme Martin.

En recouvrant, par moment, le bruit de fond de la circulation, les mesures joyeuses du « Beau Danube bleu » retentissent.

— De nouveau la police... Je vous assure... C'est à vous rendre dingue... A cause des suricates... Ils se sont enterrés hier après-midi. Ils adorent ce square. Nous, au cinquième étage, nous sommes moins énervés, mais la pauvre concierge, alors... elle en a son compte.

Mme Martin montre la fenêtre du rez-de-chaussée qui donne sur la rue.

— Voilà. D'ici, elle est très près. Elle ne peut pas s'empêcher de regarder. Elle se croit chaque fois, quand on les déterre, au jour de la Résurrection. Voir sous son nez tous ces gens, titubants, recouverts de terre... Il faut avoir de l'estomac.

— Elle ne devrait pas regarder, dit Martin.

— Mais elle ne peut pas s'en empêcher. Tu l'as entendue aussi, Jean.

— Oui, maman, dit le petit garçon. Est-ce qu'on pourrait partir ? Où est votre voiture, monsieur Raymond ?

— Là. Mais elle est coincée.

Au bord du trottoir, les voitures sont collées les unes contre les autres, comme aimantées, soudées, pare-chocs contre pare-chocs. Pour sortir du rang serré, il faudrait faire sauter un des maillons de cette chaîne gigantesque.

Heureusement, Henri découvre, un peu plus loin, une camionnette qui est en train de décharger. Il se précipite vers le conducteur qui, très aimable, le rassure :

— Ne vous en faites pas, je m'en vais tout de suite.

L'espace que laissera la camionnette permettra à Henri de faire reculer les voitures une par une, centimètre par centimètre, et de dégager sa Simca 2000.

— Une minute encore, reprend le livreur, toujours souriant. Je vous donnerai un coup de main après.

— Pourquoi est-il aimable? demande Mme Martin. Il a même souri; c'est suspect. Il doit mijoter un mauvais coup. Quand je l'ai vu sourire, j'ai eu peur, oh là, là...!

— Mais non, dit Henri, maussade. C'est à cause du meurtre du 24e arrondissement. Les incidents doivent être évités à tout prix. Alors, les gens essaient d'être aimables pour ne pas risquer de voir se créer d'autres murs. C'est une question de civisme...

Peint en bleu ciel, égrenant les premières mesures du « Beau Danube Bleu », le car de police arrive. Armés de pelles, vêtus de bleu azur, six agents en descendent. Ils ont la même démarche précipitée que les pompiers. Le ministre du Bien-Etre public a suggéré, il y a quelque temps, un nouvel uniforme pour la police parisienne. Vêtue de bleu ciel, celle-ci a un aspect plus rassurant pour la population toujours tentée d'être agacée par les forces de l'ordre. Ainsi, les Parisiens ne sont-ils plus traumatisés par des sirènes désagréables, ni par l'apparence funèbre qu'avaient les anciens véhicules de l'ordre. Selon les psychologues, la police en bleu rassure les gens et cette innovation a même fait baisser la criminalité.

Le car bleu s'arrête devant le square. Les

agents en descendent et aussitôt, avec une délicatesse infinie, ils s'attaquent aux monticules de terre qui boursouflent le gazon. Ils se penchent sur chacun de ces tertres hauts de quarante ou cinquante centimètres. Ils défont les amoncellements de terre à petits coups de pelles minutieux. Ils sont aussi attentifs qu'un gourmet qui chercherait des fruits confits dans un dessert surmonté de crème fraîche.

M. Raymond observe la scène avec un ennui morne. La seule vue d'un suricate l'agace. Malheureusement, lui aussi il habite près d'un square et il a l'occasion de les contempler. « S'enterrer vivant, c'est facile », se dit-il, amer. « Ces gens-là, il faudrait les envoyer dans des écoles; ils verraient alors où sont les problèmes réels. »

Peu à peu, deux policiers dégagent le premier suricate. C'est un garçon très jeune, mince; il mesure au moins 1 mètre 72. Il a dû faire des efforts méritoires pour s'enterrer aussi parfaitement, en ne laissant sortir de la terre que le tuyau de caoutchouc nécessaire à sa respiration.

— Ils doivent avoir faim, dit Mme Martin. Depuis deux jours et deux nuits, ils sont dans la terre. Je les ai vus quand ils ont commencé.

— Et vous n'avez pas aussitôt prévenu la police ? demande M. Raymond.

Mme Martin fait une moue.

— Au début, je m'en faisais pour eux. Mais on s'habitue à tout. Et puis, il y en a trop. J'ai autre chose à faire que d'alerter la police. Je préfère laisser mes vitres sales et ne plus regarder par la fenêtre. Ces gens-là m'énervent... J'ai un oncle qui vit dans le 24e arrondissement. Comme vous le devinez, je ne l'ai pas vu depuis le début de la révolte. Son héritage me passe sous le nez. Un de ces jours, il sera brûlé comme les autres... Enfin, c'est la vie. Alors, m'en faire pour les suricates ! Non !

Les suricates sont maintenant tous déterrés. Etourdis de lumière, ils ferment les yeux. Ils se laissent guider par les agents. Ils sont doux et inoffensifs; ils ne demandent qu'à obéir. Ils n'ont pas plus de 18 à 20 ans. Filles ou garçons, ils sont tous vêtus d'un pantalon et d'un chemisier. Recouverts de terre noire et grise jusqu'à leur chevelure qui retombe sur les épaules, ils seraient presque beaux. La terre est incrustée dans leur peau. Leurs visages ne sont plus que des sortes de masques d'argile. Ils ressemblent à des marionnettes qu'un animateur aurait fabriquées en terre cuite. Il y a de la terre jusque dans leurs cils. Sales et émouvants, aveuglés par la lumière brutale, ils se laissent diriger vers le car de police.

Le dernier suricate déterré doit être porté par deux agents. C'est une très jeune fille. Peut-être s'est-elle enterrée pour la première fois. Elle manque d'entraînement. Elle paraît à moitié asphyxiée. Elle ressemble à un poisson; elle ouvre et elle ferme la bouche silencieusement. Ses jambes sont faibles. Elle se laisse traîner. Les agents la soutiennent par les bras. Soudain, comme privée de pesanteur, elle bascule en arrière. Ses longs cheveux blonds recouverts de terre frôlent le macadam et ses jambes inarticulées brinquebalent, sursautent sur le moindre caillou. Un des agents doit éprouver un sentiment de pitié car il la soulève, la prend dans ses bras, mais il est obligé de la tenir assez loin parce qu'il se dégage d'elle une mauvaise odeur. Elle est enterrée depuis trois jours et demi. L'agent semble compatir; il est jeune encore, lui aussi.

Pour attirer l'attention de M. Raymond, le livreur émet un sifflement. Il lui signale le départ de la camionnette.

Celle-ci à peine dégagée, le conducteur et le

livreur viennent vers M. Raymond et commencent, tous les deux, à l'aider à repousser les voitures qui se trouvent derrière celle de l'instituteur. Par leurs efforts conjugués, ils réussissent à ébranler la rangée des véhicules en les faisant reculer. La petite rue est heureusement en pente. M. Raymond obtient un dégagement d'environ soixante centimètres qui lui permet de sortir sa voiture de la chaîne. C'est vrai que le drame du 24ᵉ arrondissement a nettement amélioré la mentalité de l'automobiliste parisien. Même les meurtres passionnels, dus aux quatre roues, sont devenus plus rares.

Parce qu'il voyage toujours seul, M. Raymond n'a jamais fait remettre en état la ceinture de sécurité du siège qui se trouve devant, à côté de celui du conducteur.

— Ça ne fait rien, dit-il. Pour le contrôle de l'autoroute, je vais tricher : attachez la bonne ceinture autour de votre fils. L'autre, je me l'accrocherai comme un décor. Elle est cassée. Les militaires, submergés, ne jettent qu'un coup d'œil par la vitre. Ils ne peuvent pas examiner les ceintures une par une... Pour vous, derrière, tout est en ordre.

Mme Martin prononce d'une voix froide :

— Je ne prendrai en aucun cas la route

sans ceinture. Il faut être sûr que la mienne est réglementaire, derrière, monsieur.

— Mais oui, madame, elle est en bon état, et j'ai dit que je passerai la mienne à votre fils. Je ne crois pas du tout au système de la ceinture.

— Ça m'est égal, dit Mme Martin. Ce qui m'intéresse, c'est que j'y crois, moi. Sans ceinture, je ne bouge pas.

— Il dit qu'il arrangera la ceinture, maman.

Pendant que M. Raymond les installe, il voudrait protester contre le fait qu'on parle de lui, en sa présence, en disant, chaque fois, « il ». « Il fait ceci ou cela, il a dit que... » Mais Henri n'ose pas les rappeler à l'ordre. Il a peur de casser l'équilibre fragile qui vient, peu à peu, de s'établir et qui apaise l'hostilité persistante de Mme Martin. Il a le mauvais sentiment d'être leur valet. Comme un esclave, il les installe dans la voiture. Il se méprise pour cette soumission. Il aurait plutôt tendance à éclater dans une bonne crise de colère, à les faire sortir du véhicule et à les laisser sur le trottoir avec leur valise.

— Il y a un trou, dit l'enfant.

M. Raymond connaît bien ce trou. A l'époque où il fumait encore, il a brûlé le tissu du siège.

— Qu'est-ce que ça peut te faire ? dit-il, irrité.

— Rien.

Et, après un temps, il ajoute :

— Il y a un trou.

Henri Raymond démarre et il s'engage, en direction de l'autoroute de l'Ouest, dans le flot des voitures.

— Je ne sors jamais à cette heure-ci, dit Mme Martin. Ça me fait drôle, la rue...

— Vous êtes assise juste derrière moi, madame. Je ne vois rien. Voudriez-vous vous déplacer un peu ? Votre tête me gêne.

— Je comprends, répond Mme Martin. J'ai peut-être l'air bête, mais vous avez tort de vous y fier. C'est clair; vous auriez préféré emmener mon fils seul. Evidemment, ma tête vous gêne...

— Mais non, s'exclame-t-il, agacé à l'extrême. C'est une question de visibilité.

La perspective de passer des heures dans la voiture avec cette femme odieuse le rend malade.

— Maman dit n'importe quoi, prononce Martin, désabusé. Faut pas faire attention.

La remarque est inattendue. Il a presque envie de sourire.

— Alors, toi ! s'exclame la mère. Quelle impertinence ! Quand tu seras suricate, je n'irai pas te déterrer !

Le suricate est un animal aimable qui vit dans une réserve naturelle d'Angola, à Iona. Pour atteindre cette réserve, il faut traverser le désert de Kalahari. Le suricate est une ravissante petite bête, une sorte de mangouste, qui ressemble au chien de prairie. Quand il est effrayé, il commence à creuser et il s'enterre. A cause des poils noirs qui entourent ses orbites et qui donnent l'impression de deux trous noirs, de loin, sa merveilleuse petite tête évoque celle d'un mort.

Ces animaux délicats et d'une extrême sensibilité ont donné leur nom à un mouvement international de la jeunesse. Les hippies ont été peu à peu remplacés par ceux qui se font appeler les suricates. Ces jeunes se déplacent toujours en groupe. Ils ne sont jamais moins de quatre ou cinq. Ils parcourent les grandes villes, ils errent dans Paris. Dès qu'ils trouvent l'endroit qui convient, ils s'enterrent. La Préfecture de Police de Paris n'a que ce dilemme : ou bien supprimer les espaces verts en y coulant le béton pour recouvrir jusqu'au dernier brin d'herbe, ou bien garder en permanence des équipes d'agents sans cesse aux aguets, qui, à la première alerte, se mettent à déterrer les suricates.

En s'enterrant, ceux-ci protestent contre la pollution de la nature et contre les explosions souterraines de bombes atomiques qui pourrissent notre vieux globe. Mais, au lieu de vider l'abcès, les hommes lui injectent du pus supplémentaire. Les suricates sont sans cesse en quête d'espaces propices à leur protestation. Depuis le renforcement de leur mouvement, le Bois est hermétiquement fermé. Il n'y a que trois accès possibles. Les mères de famille, munies d'une carte spéciale, peuvent y franchir le contrôle avec leurs enfants si ceux-ci ne mesurent pas plus d'un mètre vingt, donc ne dépassent guère l'âge de douze ans. La mère qui se présente avec un landau doit laisser le contrôleur le fouiller. Au début, des procontestataires ont fait passer clandestinement les frontières du Bois à de très jeunes suricates.

Depuis trois ans, la police française ne cesse de déterrer. Les jeunes sauvés sont emmenés dans des hôpitaux où ils sont lavés, nourris, sermonnés, psychanalysés. Ils subissent ces étapes avec beaucoup de grâce. Les autorités n'ont qu'à se féliciter du comportement parfait de ces jeunes gens qu'on libère au compte-gouttes et qui sont lâchés dans les coins les plus différents et les plus éloignés de Paris un par un. Mais, aussitôt libres, ces jeunes, souriants, amaigris et redevenus propres, se retrouvent au point qu'ils ont dû définir à l'avance entre eux. Ils se regroupent très rapidement et s'emploient aussitôt à s'enterrer de nouveau.

A un moment donné, le préfet de police a même lancé un appel dramatique à la population. Il a parlé, les yeux en larmes, à la télévision. « Ne laissez pas mourir nos enfants ! » a supplié le préfet. « Signalez instantanément les manœuvres de suricates. Votre fils ou votre fille est peut-être parmi eux. Pour les signaler, téléphonez à SUR, comme suricate, 00-00, je répète, quatre fois zéro. C'est pour protester contre le monde présent que la jeunesse française s'enterre. Nous sommes tous responsables ! »

— Moi, dit Mme Martin, je ne me sens pas du tout responsable. J'élève mon enfant convenablement.

M. Raymond est nerveux.

— Sans doute, madame.

Martin se recroqueville.

Henri se met à imaginer, peu à peu, les vraies relations entre le garçon et la mère.

— Je fais de mon mieux, dit la mère.

M. Raymond hait cette phrase. Depuis trois ans, il vit dans un monde déréglé où les détraqués, les hypernerveux, les léthargiques lui répètent sans cesse : « Je fais de mon mieux. » Pourquoi ne pas choisir le pire ? Leur « mieux » n'est qu'une catastrophe.

— Moi, je ne fais pas de mon mieux, dit-il.

Et il se met à klaxonner pour rien.

— S'il vous plaît, monsieur, ne klaxonnez pas, les pompiers vous puniront, dit l'enfant. Il suffirait d'un incident et je ne verrais ni les vaches, ni le cheval.

Henri lâche le klaxon.

— Il ne faut pas m'énerver quand je conduis, dit-il, presque pour s'excuser.

— Si on ne peut plus parler, répond Mme Martin.

Elle se tait avec ostentation.

— Monsieur Raymond ?

— Oui.

— Je peux parler ?

— Oui.

— Vous avez vu le suricate à la télévision ? demande Martin.

— Mais oui.

Il s'en souvient. Lorsque le premier déterré fut interviewé, toute la France était devant le petit écran. Il était très jeune, à peine bachelier, avec les cheveux dans le cou et les cils emplis de terre. Son visage ressemblait à un vrai masque de terre. Il posait son regard doux sur les quelque trente millions de téléspectateurs. Les actualités télévisées le montraient en gros plan. Les lèvres gercées, truffées de terre, il avait l'aspect d'un jeune cadavre souriant. Il était resté pendant cinq jours sous terre. A l'époque, la police dépistait lentement les suricates. Le premier qui était apparu devant les caméras avait été sauvé de justesse. Dans sa tombe, il avait respiré à l'aide d'un tuyau en caoutchouc.

— Pourquoi vous enterrez-vous ? avait demandé le reporter invisible.

— Pour protester.

— Contre quoi ?

— Contre la vie présente.

Deux hommes soutenaient le suricate. Il était faible. Un ange déchu qui, avant la conquête du ciel, retombait déjà en cendres. Il s'exprimait avec délicatesse, sans haine.

— Quels sont les aspects de la vie moderne qui vous poussent à vous suicider ?

Le suricate rectifiait :

— Je vous demande pardon; nous n'avons aucun désir de nous suicider. Nous sommes contents quand on nous déterre. Nous protestons contre les gaz et les masques à gaz, contre les voitures, contre la radio qui voudrait diriger notre vie, contre les enseignants malades de peur, contre les Français devenus moutons intoxiqués, contre la suppression des espaces verts, contre l'étranglement en général, contre la fausse révolution de l'Eglise mal vieillie.

— Vous détériorez des espaces verts, c'est plus grave ! dit le reporter.

— Comment nous enterrer sous le macadam ?

— Vous vous croyez utiles ?

— Non !

— Croyez-vous au succès de votre mouvement ?

— Non ! Le monde est devenu insensible. En nous asphyxiant, nous gênons. Le monde agonise. Nous sommes le symbole de l'agonie.

— Pourquoi se sacrifier ?

— Pour ce qui reste de la dignité humaine.

— Vous risquez de périr étouffés.

— Le risque sera bientôt le même dans la rue.

Le reporter glisse sur la réponse.

— Vos projets... Quels sont vos projets ?

— Je désire m'enterrer...

— Vous passerez votre vie à vous enterrer ?

— Je le crois.

— Vous finirez dans un asile.

— La France est devenue un asile.

— Que souhaiteriez-vous d'un monde futur ?

— La propreté.

Et le suricate ajoute de lui-même :

— Nous préférons mourir de faim et d'asphyxie que de honte. La honte d'être devenus
des esclaves.

— Pourquoi êtes-vous si gai ?

Le suricate éclate dans un grand rire silen-
cieux et, aussitôt après, il répond :

— Je ne suis pas gai.

— Alors, pourquoi riez-vous ?

— C'est nerveux.

« Vous avez entendu, mesdames et messieurs », dit soudain le commentateur frin-
gant avec sa chemise blanche impeccable,
« dans le cadre des actualités télévisées, une
interview en direct avec un suricate. A vous
Cognacq-Jay. »

Si vous n'aimez pas causer, dit Mme Martin, écoutons la radio... Sans elle, je me sens

perdue. Votre silence me fait peur. Je n'ai encore jamais entendu l'émission : « Ceux qui prennent la route », parce que je ne sors jamais de Paris... C'est mon premier départ. Alors, cette émission... Soyez gentil, monsieur Raymond...

Résigné, il tourne le bouton de la radio.

— Vous aussi ! fait l'enfant.

— Quoi, moi aussi ?

— Vous êtes comme les autres...

— Jean, qu'est-ce que tu racontes à ton professeur ?

— Rien, maman.

— Tu mens.

— Oui, maman.

La voix joyeuse du speaker palpite dans la voiture : « Surtout, chers auditeurs et chères auditrices au volant, restez calmes et détendus. L'opération « Libellule dorée » est appliquée : les amateurs du pont de Saint-Cloud seront récompensés. D'agréables surprises les attendent. Au cours de la semaine précédente, deux nouveaux toboggans ont été créés.

« Bonne initiative de la ville de Paris, l'opération « Oxygène » du bois de Boulogne a été terminée hier dans la nuit. Comme chaque année, notre cher Bois, lieu de rendez-vous des amoureux, oasis des petits enfants, a été déménagé. Nous retrouverons notre cher Bois réoxygéné, tout vert, dans un mois. Il va nous revenir rajeuni, éclatant de chlorophylle. Nos compatriotes découvriront peu à peu la nécessité de la nature. Le Bois en vacances laisse derrière lui un vide. Le gazon même a été, cette fois, enlevé, carré par carré; les lacs aussi ont été vidés; les canards, regroupés cette nuit, voyagent de même en direction d'Annecy pour une cure de désintoxication. Peut-être sont-ils déjà arrivés ? A vous, Annecy... Annecy ? Vous m'entendez, Annecy ?

« Ici, Annecy... L'impressionnante caravane de gigantesques camions, portant dans des bacs en béton le bois de Boulogne, vient d'arriver. L'équipe spéciale qui s'occupe du bien-être des canards suralimentés et sous-oxygénés est en train de lâcher ces pauvres bêtes sur le lac d'Annecy. Le maire de la ville qui héberge cette année le bois de Boulogne a prononcé un discours plein de cœur et de sensibilité dont vous allez entendre quelques extraits... »

M. Raymond tourne le bouton.

L'enfant lance :

— Je vais avoir mal au ventre.

Et il ajoute :

94

— La radio me fait mal au ventre.

— Ce n'est pas ici que tu descendras ! répond M. Raymond qui est en train de s'engager dans le premier toboggan.

Un enchevêtrement échevelé de toboggans entrecroisés, comme une immense toile d'araignée métallique, entoure la ville.

— Si je pense aux dépenses que représente le déménagement du Bois ! dit Mme Martin. Il vaudrait mieux envoyer les enfants intoxiqués en colonie. Ne croyez-vous pas que j'ai raison ?

— Le gouvernement entretient le Bois justement pour les enfants, dit M. Raymond. Encore un mot et je vais me perdre. Nous tournerons alors toute la journée dans ce labyrinthe, sans pouvoir en sortir.

Il a l'impression de rouler dans l'un des piliers d'une tour Eiffel qui serait renversée. Précédé et suivi par d'autres voitures, il avance dans un couloir de fer dentelé; il essaye de ne pas perdre de vue les flèches qui indiquent les différentes directions à suivre.

— On est comme des canaris dans un ascenseur, constate Mme Martin. Pourquoi nous montons et nous descendons ? Pourquoi ne suit-on pas une ligne directe ?

— Parce que, chaque fois qu'on rajoute un toboggan, il faut le raccorder à ceux qui existent déjà.

— Ah, dit-elle, sans rien comprendre. Ce truc-là, c'est solide ? Il y a dix ans, la radio a dit que c'était du provisoire...

Avec la sécurité étonnante d'un habitué, M. Raymond dépasse un croisement et s'engage aussitôt dans un couloir qui déverse enfin les voitures sur l'autoroute.

— Pourquoi a-t-on dit que c'était provisoire ? Tout cela me semble définitif.

— Vous êtes bavarde !

— Napoléon pouvait écouter plusieurs choses en même temps, dit Jean Martin.

— Ne sois pas mal élevé, mon petit ! s'exclame la mère. Ton professeur n'est pas Napoléon.

Parce qu'il a mal calculé sa sortie, trop éloignée du milieu de la chaussée que dessert le toboggan n° 3, M. Raymond se trouve à l'extrême droite de l'autoroute, du côté de la « Cathoroute ». Ici, sont installés des autels à péage que précèdent quelques corbeilles en acier où l'automobiliste, désireux de communier, lance un franc. La pièce d'argent en contact avec le fond métallique de la corbeille établit aussitôt la liaison avec un des autels en formica sur lequel une lumière bleue se met à clignoter une, deux, trois ou quatre fois, selon le nombre des voyageurs qui se trouvent dans le véhicule. Des prêtres, souvent secondés par leurs épouses, desservent en même temps les deux côtés de chaque voiture d'où les gens, par les vitres baissées, la langue tirée, passent la tête. Sur la « Cathoroute », les voyageurs peuvent ainsi communier sans être obligés de montrer leur carte de catholiques pratiquants.

— Si vous voulez communier, j'ai de la monnaie, dit Mme Martin.

— Non, merci, dit M. Raymond.

— Il n'y a rien pour les protestants ? demande-t-elle.

Il baisse la vitre et signale par quelques gestes de la main qu'il se trouve malgré lui sur la « Cathoroute » et qu'il désire passer sans communier.

— Vous ne voulez vraiment pas de mon franc ?

— Non, madame.

Un des prêtres lui fait signe de passer. Dès lors, il se trouve dans une file de voitures qui n'avancent qu'à vingt kilomètres à l'heure; ce rythme au ralenti permet, après la communion, le recueillement nécessaire.

— Je préfère les prêtres non mariés, déclare Mme Martin.

Henri se moque des préoccupations de Mme Martin. Depuis qu'il a été lui-même dénoncé comme conservateur notoire, le syndicat paroissial de son quartier lui a retiré sa carte de catholique pratiquant. Il y a bientôt deux ans, il a eu chez lui une algarade avec un de ses anciens amis devenu prêtre qui, en compagnie de sa jeune femme, lui avait rendu visite. Avant le dîner-pique-nique, Nicole, l'épouse du prêtre, avait proposé la célébration d'une petite messe bien détendue, bien « de chez soi », pour eux trois.

Depuis leur arrivée, Henri avait été choqué par la mini-soutane de Nicole et, au moment où celle-ci avait commencé à déballer de son sac, genre fourre-tout pour mannequin, les éléments nécessaires pour le culte, y compris une mini-cassette de jazz religieux enregistré lors d'une messe célébrée aux Folies-Bergère pour l'âme des artistes défunts, Henri avait été pris d'une violente crise de colère. Il les avait mis dehors sur-le-champ.

— Il n'y a rien pour les protestants ? interroge Mme Martin de nouveau.

— Non, dit Henri. Par contre, si cela vous intéresse, pour les libres-penseurs...

Ils passent devant un modèle réduit de voiture hissé sur un socle tirelire. En tendant le bras, il est facile de jeter une pièce dans la grande fente béante. Après l'offrande, les phares de la voiture-symbole s'allument, clignotent et s'éteignent. Certains n'hésitent pas à jeter des pièces; ils savent que l'argent est destiné aux hôpitaux spécialisés dans la rééducation des infirmes des accidents de la route.

« Tu donnes peut-être pour toi-même », proclame un écriteau immense.

— Ils ont de ces slogans... A vous serrer l'estomac... Quelle horreur, ce « pont » ! Je me demande...

— Maman, dit Martin, n'énerve pas monsieur Raymond.

Au milieu du macadam gris, la ligne jaune vibre au soleil. Par moment, un effet d'optique dû à l'irritation de la rétine fait croire à un macadam zébré de jaune. Il arrive aussi que, dans l'imagination surexcitée de l'automobiliste, la ligne jaune s'élargisse et se mette à couler comme une rivière. L'automobiliste qui, pour rien au monde, n'exprimerait sa pensée — il faudrait peut-être arracher sa chair morceau par morceau pour qu'il avoue ses angoisses — sait pertinemment que, de l'autre côté de « la rivière jaune », la mort l'attend.

La maladie, découverte par un médecin belge, s'appelle la jaunite. Ses origines profondes sont mentales. La crise germe dans le subconscient. L'homme au volant, en proie à la jaunite, oublie ceux qui se trouvent dans son véhicule. Il se crispe et devient comme sourd. L'œil fixé sur la ligne jaune, il se met à délirer. La jaunite aboutit à une maladie accessoire de la rétine laquelle, sous l'effet de la couleur jaune, compose et décompose, pareille à un kaléidoscope, une série d'images mentales.

Le conducteur se croit seul sur une autoroute à six voies ! Follement gai, il désire accélérer et croit sa voiture munie d'ailes. Sa vitesse vertigineuse l'enivre. Il valse !

Alors, la jaunite entre dans son stade décisif. L'homme au volant en veut à la ligne jaune ennemie qui se dresse entre lui et la liberté. La soif de la vitesse commande le pied droit qui, d'une manière de plus en plus vicieuse, agace l'accélérateur. L'automobiliste entend des cris : « Attention, je t'en supplie, ralentis, je voudrais descendre... Tu es fou, tu es fou, tu es fou... »

Son visage se chiffonne dans une grimace délirante. Jusqu'ici il n'en était pas sûr, mais, maintenant quelqu'un lui dit dit : « Tu es fou ! » Pourquoi ne pas se venger de la femme frigide, de l'enfant raté, du chef de bureau odieux, des rêves d'adolescent brûlés, de l'âge difficile, de l'époque pourrie, de l'air vicié, du sexe moribond, pourquoi ne pas se venger tout simplement en traversant la ligne jaune ? Devenir une bombe atomique miniature, éclater dans une collusion monstrueuse, éclabousser tout de sang ? Il suffit de franchir la ligne jaune...

— Avez-vous des lunettes bleues ? demande Mme Martin. Un enfant et sa mère se trouvent dans votre voiture, vous en êtes responsable.

Henri se tait.

Les lunettes bleues, tentative vaine !... Elles transforment la ligne jaune en ligne verte. A quoi bon ? Pas de remède contre le subconscient... Le conducteur sait que la ligne est jaune !

— Oui, madame, dit-il. J'ai des lunettes bleues... Je n'en ai pas besoin...

— Votre excursion n'est pas drôle, dit la mère. Je me crois à la guerre.

— La route a remplacé la guerre, dit-il.

L'armée est partout. A chaque kilomètre, les tentes de la Croix-Rouge se dressent. Les brancardiers ajustent leurs brassards, et de ravissantes infirmières passent en revue le sang en réserve. Des réfrigérateurs spéciaux abritent le précieux sang de singe, inestimable trésor parce qu'utilisable pour n'importe quel groupe sanguin.

Des « Bar du Sang » invitent les voyageurs à s'arrêter et, en échange d'une carte de priorité de transfusion, à offrir leur sang. Des hôtesses s'affairent autour des tables dressées : ceux qui donnent de leur sang reçoivent ensuite, selon leur désir, un repas à la carte ou bien des cubes de reconstituant.

— J'ai vu cette ignominie à la télévision, dit Mme Martin. On pompe votre sang dans la cabane et on vous donne à manger dehors.

— Ce n'est pas une ignominie, mais une nécessité, répond M. Raymond.

Il ralentit devant une des guinguettes.

— Ne voulez-vous pas donner votre sang ?

— Et vous ? demande Mme Martin.

— Moi ? Je n'en ai même plus assez pour avoir une hémorragie. J'en ai donné tant...

— Eh bien, dit-elle, je ne suis, moi, solidaire de personne. Je devrais être à la maison

et coudre. Mon fils devrait être en classe.
Alors... Mon sang, je le garde !

La France, éternelle amie des bêtes, ne pouvait avoir l'idée d'abandonner des animaux
qui lui avaient rendu service. A l'intention des
singes saignés à blanc, plusieurs hôpitaux ont
été installés. Le meilleur établissement est,
sans doute, celui d'Evreux. Certains des accidentés, qui ont survécu grâce aux singes, y
viennent et offrent à leur tour leur sang. Souvent le singe est allergique au sang humain,
mais il est encore impossible de définir les
origines chimiques de cette allergie capri-
cieuse; on ne la constate qu'au moment de la
transfusion et, en cas d'échec, au bout de
quelques instants, le singe meurt.

Les singes, offerts par les dirigeants noirs
d'Afrique toujours reconnaissants des bienfaits de la France — du temps où leurs pays
étaient considérés comme des états sous-déve-
loppés — maintenant que les rôles sont renversés, offrent à la France leur trésor le plus
précieux, du sang de singe. Les singes arrivent
en avion. Au début, les reporters des grands
hebdomadaires les photographiaient. De ces
reportages resteront quelques images saisis-

santes, comme, par exemple, le portrait d'un singe derrière la grille d'un camion de transport. Les mains velues sur les barreaux, la tête légèrement penchée, les yeux, selon un psychotechnicien spécialisé dans l'analyse des regards, reflétant le drame, le singe savait qu'il allait mourir en France.

Dans les centres sanguins, toutes les précautions ont été prises pour le bien-être des singes. Les laboratoires ont été décorés avec des palmiers en matière plastique et des bras automatiques y jettent des poignées de cacahuètes. Malgré ces efforts, les singes restent assis, tristes et immobiles. Les chercheurs qui les ont testés — notamment quelques fervents darwinistes — ont été déçus. Les encéphalogrammes n'ont enregistré qu'une intense colère et les singes ont arraché les électrodes attachées à leurs tempes. Les singes ont manifesté avec virulence leur hostilité à l'idée d'une parenté quelconque avec les humains. Quels qu'aient été les tests pratiqués — par l'ouïe, par l'odorat, par la vision elle-même — les singes, indignés ont toujours refusé tout rapprochement avec l'Homme.

Un vieux singe a été jusqu'à pousser des cris lorsque des infirmières souriantes ont essayé de lui mettre un nouveau-né humain dans les bras. Le singe a retroussé les lèvres et il a craché par terre le reste de ses cacahuètes. Il a haussé violemment les épaules, et, pour mieux montrer sa colère contre la folie des humains, il a pris sa tête entre ses deux mains.

Une étudiante aux longs cheveux blonds, une fanatique de Darwin, ne reculant devant rien, a alors pris le bébé dans ses bras et fait semblant de le bercer; aussitôt après, elle accueillait dans l'autre bras un bébé singe né dans l'avion. La vue des deux petits côte à côte avait été tellement insupportable aux singes qu'ils s'étaient retournés d'un seul mouvement et avaient montré ostensiblement leur derrière aux savants !

— Si nous allions voir les singes à Evreux ? répète Martin.

— Ne pourriez-vous pas rouler plus rapidement que trente kilomètres à l'heure ? interroge Mme Martin.

— Après Evreux, ça va aller plus vite, déclare M. Raymond.

Evreux est une blessure dans son cœur. Jeune instituteur, avec son diplôme tout frais dans sa poche, il est allé à l'hôpital des singes. Jusqu'à la fin de sa vie, il en gardera le souvenir cuisant.

— Je cherche mon neveu, dit Mme Martin.

— Votre neveu ?

— Il fait son service militaire sur la route. Au début, il a été affecté aux équipes de poubelles. Mais il est très délicat, il s'est fait aussitôt objecteur de conscience. Après dix jours de grève de la faim, il a obtenu son déplacement dans les services routiers. Il est peut-être là, quelque part...

— Non, maman, intervient son fils. Dans sa dernière lettre, il a dit qu'il était affecté à l'autoroute du Sud.

— Ah, c'est vrai, concède-t-elle. On le verra une autre fois... Ma sœur qui...

M. Raymond n'écoute plus le bavardage. Le souvenir d'Evreux monte en lui. Il revoit la grande salle lumineuse, les petits lits étroits, parfaitement bordés, et les infirmières qui passaient, en se penchant ici et là sur les singes paisibles.

Le seuil à peine franchi, il s'était senti environné par d'innombrables regards, car tous les singes avaient en même temps tourné la tête vers le visiteur... Certains avaient le bras attaché à un goutte à goutte; un sérum sauveteur s'infiltrait dans des veines grisâtres parce que vides.

Le médecin, qui l'accompagnait, donnait,

d'une voix atone, des explications : « Pour une transfusion totale d'un homme d'âge moyen nous avons besoin du sang de trois, sinon de quatre singes. »

» J'aimerais aider... Que pourrais-je faire ? » avait demandé M. Raymond.

« Leur serrer la main », avait dit le médecin. « Moi, ils me détestent. Dès que j'apparais, ils détournent la tête, tandis que vous, vous êtes un visiteur...

Il s'était approché des lits et, avec délicatesse, il avait touché les mains inertes des singes.

Arrivés au bout de la salle, le médecin lui avait dit :

— Celui-ci me cause du chagrin. Un chagrin particulier. Il va mourir.

Un très jeune singe gisait sous la couverture légère.

— Grâce à lui, avait continué le médecin, j'ai pu faire une transfusion totale à un enfant de quatre ans. L'enfant est vivant, mais les heures du singe sont comptées.

Henri, très lentement, s'était assis sur le lit.

La tête du singe était déjà rétrécie. La peau rapetissée, les orbites creusées, les pommettes saillantes menaçaient de faire éclater l'épiderme. Entourés de cercles noirs, les yeux marron du singe s'accrochaient au visage d'Henri Raymond. Le singe avait baissé lentement ses paupières ridées. Il ne restait qu'une fente pour laisser couler un regard doux sur Henri. Celui-ci s'était rendu compte soudain que la main du singe avait bougé. Henri avait aussitôt saisi le petit membre glacé. Les doigts du singe avaient vibré. A cet instant, son cœur s'était arrêté et son regard entouré de cercles noirs était devenu fixe.

— La ferme de votre mère est à Lisieux même ? demande Mme Martin.

— Non. En pleine campagne. A quelques kilomètres de Lisieux.

— Dites, vous subissez ce supplice tous les samedis et dimanches ?

— Quel supplice ?

— La route.

— On s'y habitue.

— Nous avons de la chance d'être des intoxiqués et de ne pas avoir de voiture. Jean, tu t'imagines sur la route, chaque fin de semaine ? Toi qui aimes tellement lire !

— Votre tête, madame.

— Elle ne vous revient pas, hein ? La fumée vous gêne ?

— Non.

— Une cigarette ?

— Non, merci. Intoxiquée comme vous l'êtes, plus les cigarettes... Vos poumons doivent être...

— Noirs, intervient-elle aussitôt. Nous, les intoxiqués, nous avons les poumons noirs. C'est pour ça que je n'ai pas voulu venir à la campagne. Vous vous rendez compte des risques ? Et si on avait des lésions ? En quatre jours, on peut avoir des lésions. Tant d'oxygène, pensez-vous...

M. Raymond tourne légèrement la tête vers l'enfant.

— Si on parlait d'autre chose. Je ne savais pas que tu étais protestant.

— Je ne suis pas protestant.

— Ta mère a dit...

Elle se penche en avant et M. Raymond sent de nouveau l'odeur douceâtre qui se dégage d'elle.

— Qu'est-ce que j'ai dit ?

M. Raymond est soudain désorienté.

— Au moment où nous rentrions à la « Cathoroute », vous avez demandé s'il n'y avait rien pour les protestants.

— Et alors ?

— Alors, j'ai pensé que vous étiez protestante.

— Mais non, dit Mme Martin. Je ne suis pas protestante, je suis curieuse. Toujours les déductions... Vous vous fatiguez pour rien.

— Et moi, dit l'enfant, je ne suis rien.

— Comment, rien ?

— Maman a dit que je ne suis rien, que je dois attendre pour choisir moi-même.

Sa mère l'interrompt :

— Tout cela n'a aucun intérêt. Il vaudrait mieux que tu te taises. Quand j'ai eu le gosse, je l'ai eu sans être passée devant l'autel. J'étais tout juste mariée civilement. Alors, après la naissance de Jean, il n'y a pas une seule paroisse qui aurait accepté de le baptiser. J'aurais dû prouver que j'étais pratiquante. Je n'ai pas pu obtenir le certificat.

— On a osé lui refuser le baptême ? demande M. Raymond.

Ses mains se crispent sur le volant.

— N'accélérez pas ! s'exclame la mère. Vous êtes trop près de la ligne jaune.

M. Raymond se calme. Il se tourne vers l'enfant :

— Qu'en penses-tu ?

— Rien, dit l'enfant. Personne ne veut de moi.

— Mais, madame... commence-t-il.

— Attention à votre volant, ou je descends et je ramène mon fils à Paris en auto-stop. La radio a dit...

Raymond s'énerve.

— Si vous pouviez ne pas me parler de radio...

— Mais si, j'en parle, s'exclame Mme Martin... L'émission « La vie non stop », vous la connaissez ?

— Comme tout le monde. Mais je n'ai plus de radio.

— Alors, vous ne savez plus rien de la vie...

Le petit garçon intervient :

— Maman a dit que si Dieu venait sur terre, il s'adresserait aux gens par R. T. L.

Mme Martin surenchérit :

— Il y aurait certainement davantage de croyants. Les auditeurs pourraient téléphoner pour demander des renseignements. Dieu serait plus accessible... On pourrait dialoguer, quoi...

Raymond se domine mal :

— Ne pourriez-vous pas parler d'autre chose ?...

— Non, dit la femme. R. T. L. m'a sauvé la vie. Alors, j'en parle. Même si cela vous déplaît.

— Sauvé la vie ? dit Raymond.

— Oui, monsieur. Oui, sauvé la vie... vous avez bien entendu... Il y a deux ans, j'ai eu des difficultés. Morales. Je me suis mise à haïr les tissus. Dès qu'une cliente ouvrait un paquet, je commençais à avoir la nausée. J'ai imaginé mon propre suicide. J'ai pensé que je serais obligée de me supprimer. Mais, je voulais une autre mort que le suicide par l'intoxication. Il y a tant de gens qui meurent à cause de ça, sans le vouloir. Alors le faire exprès ?... J'aurai bien voulu me jeter dans la Seine, mais à cause des fils de fer barbelés, c'est difficile. Depuis la campagne anti-suicide du ministre de la Santé, il est impossible de se jeter dans la Seine. Ces deux mètres de fils de fer barbelés partout... Un vrai scandale ! Même sur les ponts... Enfin... Dans mon enfance, les gens utilisaient la Tour Eiffel. Vous pensez... Maintenant qu'elle est devenue un aérium pour enfants... Il paraît qu'ils ont pu mettre 200 lits au premier étage, 100 au deuxième, et tout à fait en haut, c'est pour des cures d'air d'une demi-heure. C'est devenu un endroit pour vivre. Et pas pour mourir.

J'étais donc à la maison, devant un tas de tissus, il y avait aussi un velours vert — atroce —, j'écoutais la radio, lorsque j'ai entendu le Message. Comme qui dirait adressé à moi. Je l'entends encore : « Aujourd'hui l'émission de « La vie non stop » attend ceux qui veulent voir leurs vedettes préférées. Venez, et vous ne serez plus seul. »

Plus seul ? Est-il possible de ne pas mourir de solitude ? Soudain, je savais que quelqu'un m'attendait. Je me suis préparée comme à un rendez-vous d'amoureux.

Je me suis même maquillée, et parce que j'ai décidé d'aller à pied, j'ai pris mon masque à gaz. Je marchais comme sur les nuages. Un homme s'est retourné sur moi, et a montré un écriteau sorti de sa poche : « Oh ! le joli masque ! Pourrais-je me présenter ? » J'ai fait non. Il a continué sa route et moi la mienne. Son masque à lui était lié à une bonbonne d'oxygène qu'il avait sur le dos. Selon moi, c'était un touriste...

Je suis arrivée au bâtiment de R. T. L. Le cœur fou de trac, j'ai franchi le seuil. Une ravissante jeune femme est venue vers moi en souriant; elle parlait comme un ventriloque, sans bouger les lèvres. Elle a dit : « Enlevez votre masque et respirez l'oxygène de R. T. L. » J'ai enlevé mon masque et j'ai respiré comme dans une forêt.

Toujours souriant, — et je ne saurai jamais

d'où sa voix venait — elle m'a montré le mur et dit : « Voici les bouches d'oxygène de « La vie non stop ». Respirez à votre aise. »

J'ai respiré. J'ai eu un début de vertige. L'hôtesse m'a conduite dans une grande salle éclairée. Il y avait des gens, et tout le monde semblait se connaître. J'étais assise à côté d'un suricate. Il a raconté que la veille, il était encore enterré, on venait de le libérer; il sortait du Centre. « En sortant d'ici, je vais me réenterrer, a-t-il dit, je suis venu juste pour écouter notre idole : Olivier Laterre, le suricate qui chante. » Un haut-parleur a prévenu : « Chers amis, ici vous pouvez applaudir, vous exclamer, rire, la salle est oxygénée; vous ne risquez aucune explosion. »

Il y a eu beaucoup de lumière soudain.

Un monsieur est venu sur la scène, j'ai reconnu sa voix, la voix que j'entends tous les jours.

Il nous a présenté le grand chanteur suricate. Celui-ci a chanté la chanson très connue :

> *Nous sommes tous pourris*
> *Oh là là là*
> *La mort*
> *est là*

Oh là là là
La terre est molle
La vie est folle
Mûrs pour l'enfer
Les poumons noirs
L'âme crevée
Chantez, chantez
Jusqu'à vous étouffer
Il n'y a plus d'espoir
Oh-yé, oh-yé, oh-yé

Le monsieur de « La vie non stop » a lancé au chanteur :

— Vous trouvez ça drôle, vous ?

— Non, a répondu le chanteur. J'ai le sens de la mort et l'absence de l'humour !

— Pour vous redonner un peu le goût de la vie, a continué le monsieur, « La vie non stop » a invité le dernier des Beatles.

Une jolie dame a poussé sur la scène une chaise roulante. Le Beatle souriait, il avait une belle barbe blanche et les cheveux blancs qui lui tombaient sur les épaules.

Le monsieur a dit : « Toujours aussi célèbre, aussi demandé, devenu lord, Prix Nobel de la poésie, qu'allez-vous nous chanter ? »

Le Beatle a répondu : « The Yellow Submarine. »

« Ça veut dire : Le sous-marin jaune, a expliqué le monsieur. C'est une très vieille et très belle chanson, que ma mère m'a chantée à Noël quand j'étais petit. Grâce à l'oxygène que vous offre R. T. L., vous supporterez le choc d'entendre une langue étrangère. En l'occurrence : l'anglais. Une traduction simultanée vous est offerte par l'Institut de défense de l'âme française.

Alors, le Beatle s'est mis à chanter :

Alors on a vogué vers le soleil,
jusqu'à ce que l'on trouve la mer de verdure,
et on a vécu sous les vagues,
dans notre sous-marin jaune.
Nous vivons tous dans un sous-marin jaune,
un sous-marin jaune, un sous-marin jaune...

C'était tellement beau, que soudain j'ai décidé de choisir la vie.

Bouleversée, je n'ai pu continuer à regarder. J'ai tellement l'habitude d'écouter, que voir ceux dont je ne connaissais jusqu'ici que la voix, me faisait trembler. Alors, pour mieux écouter, j'ai fermé les yeux. J'étais heureuse.

Le monsieur s'est adressé au Beatle :
« Vous avez toujours lutté contre la pollution

116

de l'âme. Continuez, jeune homme ! Je vous prédis une grande carrière ! »

Nous riions tous. C'était tellement merveilleux de rire sans s'étouffer. Rire... Rire !

— Je devrais faire pipi, monsieur, dit Martin.

M. Raymond arrête la voiture.

Ils ont quitté Paris à midi moins cinq et ils se trouvent, à 16 h 15, enfin sur un chemin de terre qui mène vers la ferme. Le chemin traverse un bois délicat de couleurs. Une odeur de mousse humide pénètre dans la voiture.

Martin se dégage de sa ceinture de sécurité, ouvre habilement la portière, descend du véhicule, et s'engage, d'un pas rapide, sur un chemin étroit.

— Je peux aussi ? demande Mme Martin.

Elle descend à son tour. Elle titube. Son visage défait est pâle et ses paupières sont gonflées.

Elle soupire :

— Je commence à souffrir de l'oxygène, dit-elle. Je vais avoir mal à la tête.

— Ça passera, dit M. Raymond.

Mais, quand il voit que Martin ne revient pas, poussé par un sentiment bizarre, mélange de méfiance, de dégoût et de curiosité, presque une sorte de peur, il va à sa recherche.

Les arbres recouverts de feuilles jeunes s'étirent dans leur univers ouaté de mousse. Sur des racines enchevêtrées, apparentes au sol, un lézard, le dos couvert d'écailles dorées, passe comme un éclair. Une vie secrète et palpitante grouille, gazouille, glisse, rampe et respire dans la sève naturelle de ce bois clos, balayé par des rafales de lumière.

Soudain, comme dans un rêve délicieux qui tournerait sournoisement au cauchemar, M. Raymond aperçoit la petite silhouette de Martin. L'enfant, comme un animal hostile hissé sur ses pattes arrière, se tient devant un arbre.

M. Raymond se précipite derrière lui. Le dos du garçon est tacheté de lumière; on dirait un jeune fauve. Le bruit d'un « clic-clac » éclate dans le silence. L'enfant fait jaillir de sa main droite un couteau dont il vient de libérer le cran d'arrêt et, dans l'obscurité vert tendre, la lame gicle. Une seconde encore et, comme dans le préau, l'arbre va être écorché.

La main de M. Raymond s'abat sur le poignet de l'enfant. Le couteau atterrit silencieusement sur la mousse. Martin se retourne vers M. Raymond et lui dit :

— Vous m'avez fait mal.

— Tu es infâme, constate M. Raymond.

Il le traite de tous les noms.

— Tu voulais torturer l'arbre ?

— C'est l'habitude, dit Martin.

— Tu n'as pas peur de Dieu ? demande M. Raymond.

— Je ne connais pas Dieu, dit Martin; mais je ne voulais pas que vous soyez fâché. Je vous...

« Peut-être demandera-t-il pardon », se dit M. Raymond. Ferait-il le premier pas vers un contact humain ?

— Je vous...

— Parle.

— Je ne vous croyais pas si vite fâché.

Ils entendent la voix de Mme Martin.

— Etes-vous perdus, ou quoi ? Hou, hou...

— On arrive, crie M. Raymond.

Et, vers l'enfant :

— Laisse le couteau.

L'enfant, buté, regarde le couteau ouvert, couché sur la mousse, délicatement contourné par une araignée aimable et peu curieuse.

— J'aime bien mon couteau, dit Martin.

— Je vais te flanquer deux gifles, dit M. Raymond. On n'est plus en classe. Je ne veux pas d'un salaud chez ma mère.

L'enfant plisse un peu les yeux. Est-il myope ou ce mouvement de paupières ne serait-il qu'un tic, le signe extérieur de sa tension ?

— File, dit M. Raymond. Et, si tu veux voir le cheval, pas un mot à ta mère.

L'enfant interroge :

— Les arbres, pourquoi ne sont-ils pas en cage, comme à Paris ?

— Imbécile ! C'est la campagne.

— Je veux mon canif.

— Pas de canif. Tu vas demander pardon à l'arbre.

M. Raymond empoigne l'enfant.

— Vous me faites mal, dit celui-ci, étonné.

— A genoux.

Martin se laisse tomber à genoux devant l'arbre. Devant lui, le canif brille sur la mousse.

— Embrasse l'arbre, dit M. Raymond, embrasse-le ou je te donne un coup de pied au cul.

L'enfant embrasse l'écorce.

La mère fait « coucou » d'assez près.

— Lève-toi.

— Je peux ramasser mon canif ?

— Dans quatre jours, je reviendrai à Paris en passant par ici et tu le retrouveras. Personne ne vient dans ce bois.

— Bien, dit le gosse. Mais si je ne le retrouvais pas...

120

Il est presque menaçant.

Ils vont vers la route. Martin ajoute, maussade :

— Plus jamais je n'aurai un si beau canif. C'est un plombier qui me l'a donné.

Comme un long bras, la voix pénétrante de Mme Martin vient les chercher.

— Vous venez, ou non ?

Au moment où ils apparaissent, elle dit, en guise d'excuse à M. Raymond :

— Mon fils pisse toujours longuement. On dirait toute une rivière qui passe... Je suis navrée... Que voulez-vous ? Chacun sa nature...

M. Raymond ne veut rien entendre. Il en a assez de traîner ces deux poids lourds. Il peste contre la mère, contre le fils, mais il dit paisiblement :

— On arrive chez ma mère. Dans vingt minutes.

CHAPITRE V

Au milieu d'un pré, loin des routes, entourée de trois côtés par un beau bois touffu, bien plantée dans la terre épaisse, posée sur un tapis vert de gazon nourri de sève, la ferme isolée, saine, les attend.

Il n'y a pas de chemin carrossable jusqu'à la grange où M. Raymond entre avec son véhicule. La voiture roule sur l'herbe. Il arrête le moteur et il pousse un soupir :

— Nous voilà. Ecoutez-moi bien. Nous ne parlerons plus de voitures, ni de routes, ni d'accidents. Ma mère ne bouge jamais de sa maison; elle n'a ni la radio, ni la télévision. Ne l'effrayez pas avec les histoires de Paris.

— Vous regrettez de nous avoir amenés ici, n'est-ce pas ? dit Mme Martin.

M. Raymond rougit.

— Regretter, c'est beaucoup dire.

Elle continue :

— Vous donneriez n'importe quoi pour être débarrassé de nous. Pas vrai ? Soyez franc. Maintenant que vous êtes là...

Il sort de la voiture. Il s'étire et il les invite à sortir. Il se met à sourire :

— Il ne faut pas dramatiser. Tout va aller très bien.

Au moment où elle met le pied par terre, elle se tord la cheville.

— Aïe ! dit-elle. Je suis complètement engourdie. J'ai des fourmis dans les jambes. C'est quoi, ici ?

— Une grange.

— Ça sert à quoi ?

— Plus à rien.

— Tant de place perdue ! dit Mme Martin.

Ils sortent et se retrouvent, en cette fin d'après-midi doré, dans le crépuscule ambré.

— Votre mère... Que va-t-elle dire ?

— Ne vous en faites pas.

Elle soupire :

— M'en faire... Il faudrait que j'en aie la force; j'ai le vertige. Je vous ai dit que je ne supportais pas l'air pur. Donnez-moi votre bras, s'il vous plaît.

Il tend un instant son bras. Il sent, dans tout son corps, le poids de cette femme qui désirerait s'abandonner dans un malaise. Il imagine le visage de sa mère le découvrant avec cette femme au bras. Il se dégage bien vite.

— Je vous précède. Juste pour prévenir ma mère. Vous n'avez qu'à me suivre lentement. Respirer superficiellement, par à-coups, comme un poisson.

— Où est l'écurie ? demande Martin.

— A côté. Il y a trois bâtiments : la grange, l'écurie, et la maison.

— Je peux aller à l'écurie ?

— Attends un peu. Ne quitte pas ta maman. Appuyez-vous sur votre fils, madame. Donnez-moi le temps de préparer ma mère...

Il les quitte. D'un pas de danse, il franchit la distance entre la grange et la maison. Il se sent léger et heureux. La main sur la poignée de la porte, il hésite mais, aussitôt, il se plonge dans une agréable odeur de café frais.

— Bonjour, maman, dit-il, faussement essoufflé.

Enfant, il avait adoré contourner la ferme plusieurs fois avant d'arriver, haletant, dans les bras de sa mère. Alors, en ces moments bénis, il appuyait la tête sur la poitrine calme de Mme Raymond — de quel danger croyait-il se sauver ainsi ? — pour s'apaiser peu à peu et se détacher d'elle, réconforté comme s'il venait de naître.

La mère, tout en guettant vers l'extérieur, tend son visage; Henri l'embrasse.

Le crépuscule, tacheté d'ombres, transforme le pré en aquarium où évoluent, pareils à deux poissons rares ramenés de mers étrangères, Mme Martin et son fils. La couturière aux aguets exagère la lourdeur de sa jambe gauche; elle la traîne.

— Quelle mine tu as, maman ! dit Henri.

Elle se dégage et répond :

— L'enfant et la femme ? Qu'est-ce qu'ils viennent faire ici ?

— Du calme, maman !

— Qui est cette femme ?

— Je la connais depuis ce matin.

— Tu es bien liant. Et le gosse ?

— Un de mes élèves. J'ai été obligé de les amener avec moi. Je n'ai pas pu te prévenir.

— La poste est en grève ?

— Non, maman. Je les ai invités ce matin. Je t'en prie... Je n'aurais pas pu venir sans eux. Je te l'expliquerai. Dis-moi que tu comprends.

— Il ne suffit pas d'accepter, il faut aussi comprendre ?

Devant la porte vitrée, laissés dans l'incertitude, livrés à un monde inconnu, Mme Martin et son fils paraissent pitoyables. Jetés dans un système qui leur apparaît maléfique, désorientés, ils se parlent. Le petit désirerait entrer dans la maison; le visage bouffi déjà par l'excès d'oxygène, la mère hésite.

— Elle te portera malheur, dit Mme Raymond. Il faut t'en débarrasser.

Son fils, en colère, s'exclame :

— Tu devrais comprendre !

— Pourquoi je devrais ?

Henri continue :

— Qu'elle ne m'est rien. Juste la mère de l'élève que j'ai emmené à cause du « pont ». Ou bien aurais-tu préféré que je reste à Paris ?

— Pourquoi pas toute la classe ?

Mme Martin se décide enfin. Elle entrouve la porte et s'aventure prudemment dans la grande cuisine.

— Bonjour, madame, dit-elle.

Elle donne un coup dans le dos de son fils. Celui-ci s'avance à son tour et tend en l'air une main frêle. Il hésite et prononce :

— Bonjour...

— Madame, ajoute sa mère sur le ton : « Voyez comme je l'élève bien. »

— Madame, répète l'enfant.

Il laisse retomber sa main dont personne ne veut.

Mme Martin s'avance vers la mère de l'instituteur et, d'une manière assez agressive, lui tend sa main dodue :

— Excusez-moi, dit-elle, nous ne voulions pas venir, mais votre fils a tellement insisté...

Mme Raymond serre mollement la main de la couturière.

— Si mon fils a tellement insisté...

Dans leur orbite marron foncé, ses yeux ont l'éclat bleu violent des myosotis. Son regard brutalise par sa perspicacité; ses narines se pincent. Statuette hostile, elle est là, immobile, comme un ivoire sculpté, tout en contrastes, recueillant ombre et lumière sur son visage.

Dans la grande salle commune, des meubles anciens se dressent, hostiles. L'odeur du passé émane du vieux bois. Sur un bahut, une grande cage, dont les portes sont ôtées, est posée. Quelques gros pigeons y méditent en roucoulant.

— Des mouettes, maman ? demande Martin.

— Des autruches, réplique Mme Raymond.

— Ne te moque pas de lui, maman, intervient M. Raymond. Il n'a jamais vu d'animaux vivants.

128

— Mais si, j'ai déjà vu un chien, réplique l'enfant avec vivacité. A Paris, un vieux qui avait oublié que c'était interdit, l'avait descendu dans la rue. Le chien a fait trois tours autour d'un arbre et, aussitôt après, il s'est écroulé, asphyxié.

— Dans la vieille maison où nous habitons, enchaîne Mme Martin, il n'y a pas de toilettes pour chiens; par contre, dans les maisons modernes, les toutous ont, au deuxième, un petit endroit spécial. A Paris, on ne peut plus sortir les chiens.

M. Raymond empoigne la valise des invités et dit :

— Paris est loin ! Venez, madame, je vais vous montrer votre chambre.

— Pourrais-je avoir un verre d'eau ? demande Mme Martin. L'oxygène me dessèche.

Mme Raymond prend un verre de son buffet, le rince sous le robinet, le remplit d'eau et l'apporte à la Parisienne.

Elle hésite :

— N'avez-vous pas de Boivite ?

— De quoi ?

— De l'eau en bouteille.

— Je n'ai que de l'eau-de-vie en bouteille, de l'eau-de-vie de prune.

— Maman !

La couturière boit de l'eau à petites gorgées.

— Vous n'êtes pas morte, constate Mme Raymond. On remet ça ? Encore un verre ?

— Non, merci.

— Maman, les pigeons font « rouh-rouh-rouh-rouh », ils sont vivants !

Mme Raymond prend l'exclamation de l'enfant pour de l'ironie. Elle croit surenchérir en disant :

— Ceux-ci sont vivants, mais j'ai un tas de pigeons empaillés au grenier.

L'enfant s'étonne :

— Vous les empaillez ?

— Ma mère plaisante, Martin. Venez, madame.

Henri entraîne Mme Martin avec lui.

Ils ressortent de la maison et ils empruntent un escalier extérieur qui conduit au premier étage. Ils y pénètrent dans un couloir étroit, bas de plafond, aux poutres apparentes, en chêne robuste. M. Raymond ouvre la première porte à sa gauche et, suivi de Mme Martin, il la précède dans une grande chambre meublée de lits jumeaux, d'une armoire, d'une petite table entourée de quatre chaises et d'une commode sur laquelle se trouve une Vierge en bois peint. La Vierge sourit; elle penche la tête sur l'Enfant Jésus doré et bleu qu'elle tient dans ses bras.

— Vous auriez dû prévenir à l'avance votre maman, dit Mme Martin.

Elle regarde autour d'elle.

— Que c'est joli !

Elle s'affaire autour de la table de chevet.

— Vous cherchez quelque chose ?

— Un transistor ou une radio quelconque. Il est impossible que vous n'en ayez pas.

— Pourtant, c'est vrai, dit Henri.

— J'ai été folle, s'exclame-t-elle, de n'avoir pas apporté ma radio. Vous m'avez tellement bousculée, tellement pressée... Est-ce qu'il serait possible d'aller à Lisieux — je paierai l'essence — et de m'acheter un transistor ? J'ai trois émissions à écouter, ce soir. A 19 h 30, les actualités, le temps, les sports, tout quoi; enfin, à 20 heures, mon feuilleton préféré, intitulé *Mon Paris*... L'histoire d'un couple qui veut, à n'importe quel prix, marcher dans Paris. Marcher... C'est amusant, non, comme idée ? On les suit tous deux d'un quartier à l'autre; on tremble devant les dangers qui les guettent... Dans l'épisode d'hier, ils étaient place Saint-Augustin. Vous imaginez ? Ils devraient passer devant la gare

Saint-Lazare... A pied... Vous ne pouvez pas me séparer d'eux ! A 20 h 25, une émission de cinq minutes parlera d'amour. Deux fois, je leur ai téléphoné. Chaque fois, on m'a répondu. Par une lettre personnelle. Ils m'ont même donné l'adresse d'un célibataire. Avec l'inconnu, nous nous sommes fixé rendez-vous. On aurait dû se retrouver dans un café. Mais il n'est pas venu. Je ne sais pas pourquoi.

Avec un soupir lourd, elle referme la porte de la table de chevet.

— Un pot de chambre. Pas de radio !

Elle se retourne vers Henri et reprend :

— Elle a raison d'être mécontente... votre maman. A sa place, moi aussi je serais mécontente. Vous nous avez amenés à l'improviste. Je préférerais coucher à Lisieux. Je prendrais une chambre à l'hôtel de la Gare. Demain, nous pourrions visiter la basilique avec Jean; elle est plus intéressante qu'un cheval ! Dimanche après-midi, vous nous reprendriez à l'hôtel. Je ne tiens pas à rester ici; je me sens mal à l'aise. Lisieux est un endroit civilisé. J'y trouverai tout de suite une radio et, en cas d'urgence, un médecin. Une pharmacie me serait nécessaire aussi.

Moins honnête, il céderait. La liberté imaginaire que fait miroiter Mme Martin l'enchante. Il suffirait d'un geste pour reprendre la valise, de quelques pas précipités pour redescendre l'escalier en colimaçon, de quelques mouvements mécaniques pour repartir en voiture.

Mais, lorsqu'il imagine Martin trompé, déçu, il se sent gêné. Il ne pourrait guère se défendre; il pleurnicherait ou bien il se tairait. Avec la manche de sa veste, il épongerait ses larmes et, peu après, il se retrouverait dans une ville surpeuplée.

Il lui avait promis l'herbe, les marguerites, quelques tours sur le dos de Bonnot.

Dans son désarroi, à Paris, il lui aurait promis n'importe quoi pour qu'il ait envie de venir.

Le trahir maintenant ? Martin est plutôt petit, léger comme une poupée, fluide comme une ombre. Il ne semble attaché à la vie quotidienne que par son regard lucide. M. Raymond aurait besoin d'imaginer, pour y puiser de la force, le regard de Martin. Il le cherche en vain. Comme celui d'un zombi — sans avoir laissé la moindre trace dans sa mémoire — le visage de l'enfant s'est effacé. Devenu mentalement aveugle, il ne le reconnaîtrait même plus dans la classe !

Mme Martin s'approche de lui. Aussitôt, l'odeur du parfum bon marché environne M. Raymond. Une image associée à cette odeur — impossible de la ressusciter — se cache dans son esprit. Il a vécu une aventure, il a eu une scène pénible, il a passé des minutes difficiles à un endroit où la même odeur régnait. Mais où ? Il est incapable de le situer.

Il refuse l'angoisse. Il n'accepte aucun pressentiment. Jamais il n'obéirait à un signe prémonitoire. Les prédictions, il n'en a guère le goût. Niée souvent par lui, la magie ne le fait pas frissonner. Il dompte ses instincts. Il se berce de l'illusion qu'il possède, lui, une carapace nécessaire à la survie.

L'image qu'il cherche désespérément est pourtant une image-clef; il en est certain. Son subconscient en état d'alerte associe l'odeur âcre de Mme Martin, son odeur de chrysanthème fatigué, à un événement vécu et effacé de son esprit. Il se refuse à une sensation de panique.

Il se dégage de l'amas des sentiments confus; il prend sur lui-même; il se met à parler pour briser le silence.

— Détrompez-vous, nous sommes ravis de vous accueillir. Il n'est pas question que vous partiez à l'hôtel. Ma mère a une nature assez rude, mais elle aime les enfants.

Mme Martin vacille.

— Je vais m'évanouir. L'émission « Un, deux, trois, détendez-vous », pourrait m'aider. Je suis suroxygénée.

Il recule pour ne pas la cueillir dans ses bras, si elle tombait.

Il conseille :

— Couchez-vous. Ouvrez bien les yeux et, surtout, n'ayez pas peur. Vous subissez la psychose de la campagne. Vous avez lu trop de sottises sur les méfaits de la campagne. Vous êtes complexée. Votre malaise se passe là.

Il désigne sa propre tête.

Elle esquisse une grimace, hausse les épaules et dit :

— Vous me prenez pour une imbécile...

Il devrait protester. Il se tait.

Elle ajoute :

— Vous dormez où ?

— Au bout du couloir, dans ma chambre.

— Seul ?...

— Comment ?

Mme Martin continue :

— Marié, vous ne dormiriez pas seul.

— Parce que je ne suis pas marié... répond-il, agacé.

La réplique tombe comme une pierre :

— Dommage !

Elle pousse un soupir profond, s'étire sur le lit, allonge ses jambes et prend grand soin de cambrer ses pieds.

Elle ne manque pas de grâce. Elle pousse la délicatesse jusqu'à vouloir couvrir, avec sa jupe, ses genoux ronds et la naissance timide de ses cuisses.

— Je suis votre prisonnière, dit-elle.

— Prisonnière ?

— Oui. Je suis coincée chez vous. Où voulez-vous que j'aille ? Allez me chercher la mallette de « La vie dangereuse illustrée ».

— Vous êtes, dit-il, prisonnière de la publicité.

— La radio, explique Mme Martin avec patience, est la vie; la publicité en est la religion. Elle est un remède pour tous les maux; elle guérit l'âme brisée ou la constipation; elle diminue les seins trop forts et elle console les enfants. Ne parlons même pas des douleurs, de la solitude, des obsessions. Heureusement, il existe un produit pour tout. Les marques bienfaitrices nous aident à vivre. Connaissez-vous les tablettes contre la timidité ?

La colère l'échauffe.

— La timidité ?

— Oui. Supposons qu'un monsieur soit fasciné par les jambes d'une dame. Il doit aussitôt sucer une tablette.

— Et alors ?

— Quelques minutes plus tard, il n'est plus fasciné. Par contre, s'il désire affronter l'obstacle, il n'a qu'à sucer deux tablettes.

— Quel obstacle !

— Eh bien ! Toujours les jambes ! Intimidé par elles, désormais vous les affronterez. Vous vous mettrez à les caresser, comme un séducteur dans les vieux films. Mon Dieu, comme le temps passe ! Si je pense à la belle époque... aux années folles de 1970. Vous étiez enfant et moi jeune fille, très jeune fille. En 1970, c'était beau ! Quelle joie de vivre, quelle propreté, quel calme, quelle liberté ! Savez-vous qu'en 1970 les gens riaient encore ? Mais oui ! Ils riaient. Je me souviens d'avoir vu, dans un grand magasin, une vendeuse sourire... Les souvenirs font mal. A quoi bon en parler ?... J'ai le vertige... Voudriez-vous me réchauffer la main ? Juste un instant.

Il désirerait fuir.

Elle reprend :

— La Vierge vous gêne ?

Il dit d'une voix sèche :

— Je n'ai pas envie de...

Elle l'interrompt :

— Que savez-vous de vous-même ? Peu de choses. Je parierais qu'aucun psychotechnicien n'a encore démêlé vos sentiments confus. Ne vous êtes-vous donc jamais adressé à PSY 04-40 ? A 19 h 5, la radio s'adresse aux timides.

— J'ai cassé ma radio.

— Comme un assassin... Vous avez tort. Vous allez mourir dans l'ignorance. Je pourrais vous aider à vivre, dit-elle en poussant un soupir. Nous pourrions écouter ensemble les « émissions pour adultes avertis ».

Il l'observe avec curiosité et répulsion. Il ne supporte pas les femmes mûres. L'institutrice qu'il eût aimé épouser ressemblait à une lycéenne. C'était une femme-enfant, une vraie tanagra, avec une poitrine de fillette, un visage d'adolescente, l'âme lisse et le regard étonné.

Les femmes mûres, il les considère avec le regard méchant d'un marchand de quatre-saisons qui refuse des fruits tachés.

— J'ai besoin de la mallette de « La vie dangereuse illustrée », gémit Mme Martin.

Cette revue, financée par quelques usines de produits pharmaceutiques, est distribuée gra-

138

tuitement. Dans l'édition de Paris, des bandes dessinées illustrent les aventures téméraires de Parisiens à la campagne. Elle énonce les dangers que courent les habitants des villes ainsi éloignés de leur foyer et cruellement exposés à l'oxygène, aux insectes, au soleil cru. En face des dangers eux-mêmes, il est aisé de découvrir, enfermé dans une bulle, le nom du produit qui peut, de justesse, sauver des périls le voyageur imprudent.

Par contre, l'édition de province met ses lecteurs en garde contre les intoxications de la ville, contre la crise de folie due aux embouteillages... Des phrases pertinentes vantent les mérites de la « Mallette-campagne » ou de la « Mallette-ville ». Le succès de ces produits est croissant.

— Vous m'achèterez la mallette ? quémande Mme Martin.

Il répond, avec un malveillant plaisir :

— Selon la logique, à Lisieux, les pharmaciens ne devraient vendre que les mallettes qui sont nécessaires pour Paris.

Il se dirige vers la porte. La voix de Mme Martin l'arrête :

— Dites, vous ne m'avez vraiment pas amenée pour coucher avec moi ?

Il se retourne et dit, d'une voix glacée :

— Non.

— Ah, lance-t-elle, soulagée. Je suis contente. J'ai eu peur de tomber dans un des pièges qui guettent les divorcées. Les femmes de ma catégorie sont tellement sollicitées... Nous avons de l'expérience, nous n'exigeons pas le remariage et nous pratiquons les différentes techniques de l'amour avec adresse. « Attention, madame, ne soyez pas dupe : accordez votre corps et refusez votre cœur. » Vous ne connaissez pas cette émission, non plus ? A 12 h 45 ? Non ?

Il se retrouve dans le couloir. Il aimerait sourire, il en est incapable. Il aimerait garder Mme Martin dans la chambre, presque en cage.

Il entend la voix de la Parisienne :

— Monsieur... Monsieur Raymond ?

En entrouvrant à peine la porte, il passe juste la tête.

— Oui. Quoi ?

— Où sont les toilettes, s'il vous plaît ?

— En bas, à côté de l'écurie.

— C'est affreusement loin.

— Je n'y peux rien, dit-il. Si vous êtes vraiment — il souligne le mot « vraiment » —

malade, ma mère vous aidera à traverser la cour.

— Soyez gentil, dit-elle. Mettez la Vierge dans l'armoire. Elle me regarde... Je n'ai pas été à la messe depuis quelque vingt ans, alors je me fais des idées, j'imagine qu'elle me sermonne, qu'elle me fait des reproches. D'où vient cette Vierge ? Pourquoi l'avez-vous achetée ?

— Je ne l'ai pas achetée... Quand, à la demande de l'archevêché, M. le curé a dépouillé l'église de ses ornements, il a distribué les objets religieux à ceux qui en désiraient.

Elle insiste :

— Cachez-la.

M. Raymond pose la Vierge à l'intérieur de la bonnetière.

— Il me faudrait beaucoup d'eau, dit Mme Martin d'une voix étranglée.

Elle continue :

— Si vous voulez me ramener vivante à Paris, il faudrait me soigner. La pauvre Vierge dans l'armoire ne serait-elle pas fâchée ? C'était une mère, elle aussi ! « N'oubliez jamais ses souffrances », dit souvent le prêtre de l'émission religieuse de 15 h 15...

Maintenant, Mme Martin gémit littéralement :

— Je suis perdue, je ne me sens plus guidée, spiritualisée par des produits. Qui va me protéger ? Je ne veux pas penser. Lorsque vous êtes sorti d'ici, le silence m'est tombé dessus comme une avalanche. Pour la première fois depuis très longtemps, j'ai pensé à mon mari. Je me suis posé la question : « Pourquoi ? » Ayez pitié... Louez un transistor à Lisieux et achetez-moi la mallette. Ou bien, racontez-moi n'importe quoi ! Il faut que j'entende parler. J'ai besoin de paroles, de n'importe laquelle. Je fermerai les yeux et je croirai que vous êtes la radio...

Il s'en va. Il fermerait bien la porte de l'extérieur, mais la clef manque sur la serrure.

CHAPITRE VI

Dans la salle commune, Martin surveille les agissements étranges de Mme Raymond. Celle-ci verse du lait dans une casserole, pose la casserole sur la cuisinière à gaz, regarde, pensive, devant elle, et au bout d'un certain temps, elle enlève le récipient pour en verser le contenu dans un bol. D'un pas rapide, elle s'approche de la grande table et pose le bol devant l'enfant.

— Vous l'avez dilué quand ? demande Martin.

— Quoi ?

— Le lait.

— Dilué ?

— Oui... la poudre.

— C'est du lait frais.

— Mais de quelle boîte ?

— Pas de boîte, la vache... La vache fait « meuh... » et elle donne du lait.

Elle pose un grand pain et une motte de beurre devant l'enfant et, comme si elle ponctuait une phrase muette avec ses gestes volontairement secs, elle propose un couteau à l'enfant.

— C'est pour quoi ? demande-t-il.

— Pour couper le pain.

— C'est dangereux ?

— Essaie toujours. Coupe une tranche de pain et prépare-toi une tartine.

L'enfant, maussade, parce qu'il pense à son canif abandonné, pose le couteau sur la table.

— Trop fatigant, dit-il. Je préfère les cubes. Sous leur emballage, on trouve des décalcomanies.

Mme Raymond coupe une tranche de pain, la beurre et plante la tartine dans la main de l'enfant.

— Vas-y... mange.

L'enfant entame prudemment la tartine.

— Ça a un goût bizarre, dit-il. Pas mauvais...

— Tu as voulu venir ici ? attaque Mme Raymond.

— Pas moi... monsieur Raymond. S'il vous plaît, madame, après le goûter, je peux aller voir le cheval ?

— Oui. Mon fils t'a dit de ne pas me parler de Paris ?

— Oui.

— Il me prend pour une arriérée mentale ?

— Il ne l'a pas dit.

Elle s'asseoit en face de l'enfant et prononce comme en confidence :

— Paris est invivable, n'est-ce pas ?

— Nous y vivons.

— Mal ? demande-t-elle.

— Je ne sais pas.

— Tu es mieux ici ?

— Sais pas...

Il réfléchit et ajoute :

— Si, peut-être.

— Pourquoi ?

— Il n'y a pas de radio.

— Tu veux encore un peu de lait ?

— Non.

— Tu pourrais dire « non, merci ».

— Oui.

— Mon fils dit que tu n'as jamais été à la campagne. Pourquoi ?

— Maman a peur de la route et ma tante a peur que je vomisse dans sa belle caravane. Mon oncle et ma tante ont une place au premier rang du camping de Kergouélec.

Mme Raymond l'incite à parler.

— J'aime bien mon oncle, dit l'enfant. C'est grâce à lui qu'ils ont une bonne place au camping.

— Evidemment, grâce à lui, répond Mme Raymond, parce qu'il a acheté une belle caravane.

— Oh, dit l'enfant, ce n'est pas ça. Avec leur belle caravane, ils pourraient être au dernier rang. Mais mon oncle a obtenu un diplôme de démazouteur. Il a suivi des cours du soir de démazoutage, rue Rochechouart. Il est devenu, paraît-il, très habile. Il sait laver les mouettes, gratter les rochers et injecter les enzymes dans des plaques de mazout. Les plaques se diluent à vue d'œil et deviennent petites comme des pois. Ceux qui ont un diplôme de démazouteur ont des places en priorité dans les campings.

Mme Raymond le contemple.

— Et tu ne vas pas avec eux ?

— Non. Et vous ? ajoute l'enfant. Vous allez parfois à la mer ? Vous êtes si près...

— Ah non, alors ! Il y a trop de monde. La mer, je l'ai vue pour la dernière fois il y a peut-être vingt ans.

— Ma tante a dit, continue Martin, que, dans les campings, comme à Paris, il y a, chaque matin, la corvée des poubelles. Les vieux sont futés : ils brûlent ou enterrent les détritus. Les jeunes, toujours impatients, comme dit ma tante, les jettent à la mer. La marée haute ramène tout et ça pue.

— Alors, pourquoi veulent-ils être au premier rang ?

— Parce que, derrière, ce sont les W.C. qui puent et il n'y a pas de vue. Il vaut mieux être devant.

— Et on se baigne ?

— Parfois. Les campeurs traversent les plaques de détritus avec des bateaux pneumatiques ou avec des pédalos, et ils se baignent plus loin, là où l'eau est moins sale.

— Tu trouves ça normal ? demande la vieille dame.

— C'est quoi, « normal » ?

— Je ne sais pas... Normal... La mer propre, c'est normal; la mer sale, c'est anormal.

— Je n'en sais rien, dit l'enfant, fatigué. J'aimerais voir le cheval.

— Henri....

Elle s'arrête. L'expression étonnée de l'enfant lui fait ajouter :

— Henri, mon fils...

— Monsieur Raymond s'appelle Henri ?

— Oui. Il te le montrera, le cheval.

— Quand ?

— Dès qu'il descendra. Une tartine encore ?

— Non, merci. Je pourrais vomir.

— Tu vomis beaucoup, non ?

— Les intoxiqués ont l'estomac fragile.

Il a honte d'être intoxiqué. Des cernes bleus apparaissent sous ses yeux. Il s'allonge de tout son buste sur la table. Les veines, à ses poignets frêles, sont bleues. Sa peau semble transparente.

— A la place de ta tante, même si tu vomis dans la caravane, je t'emmènerais à la mer. Tu es comme une plume. Ta mère ne peut pas t'offrir des vacances ?

— Elle est couturière, maman; elle n'aime pas bouger.

— Et ton...

L'enfant a l'habitude de cette question. Il répond, d'un ton désabusé :

— Mon père est parti quand j'étais petit... ou avant que je sois né.

— Ta mère pourrait se remarier.

— Elle n'en a pas besoin. Elle a la radio.

— Tu n'es pas bien loti, toi.

L'enfant, irrité, n'accepte guère la pitié.

— Je suis très bien comme je suis, dit-il. Maman m'achète tout ce dont j'ai besoin. Dans ma classe, je suis le meilleur dans mon groupe. Je ne suis malade qu'en été; quand il y a moins de gaz carbonique dans Paris, les intoxiqués en souffrent. Au mois d'août, j'ai des bronchites et maman, les yeux rouges.

Il défait avec soin le papier bleu d'un bonbon. Il mouille l'emballage avec sa langue.

— Qu'est-ce que tu fabriques ?

L'enfant applique sur le dos de sa main le papier mouillé. C'est une décalcomanie du Cube Banania.

Fier, il montre le dessin imprimé sur sa peau.

— C'est formidable ! Regardez : un éléphant ! Lorsque maman était petite, il y avait un jardin zoologique à un endroit qui s'appelait... attendez... je crois, Versailles.

— Ah non, dit la paysanne. C'était plutôt Vincennes.

— Ah oui ! s'exclame l'enfant. Vous avez raison. A Vincennes, il y avait des animaux. Au fur et à mesure que le gaz montait, ils mouraient asphyxiés. Selon leur taille. Les plus petits mouraient les premiers. Les derniers survivants étaient les girafes.

Mme Raymond a peur de laisser s'installer un silence.

— Tu as de la chance d'être dans la classe de mon fils, dit-elle.

L'enfant entrouve la bouche et la referme

aussitôt. Il ne désire pas parler de M. Raymond. Sensible, et vieux avant l'âge, il se rend compte que cette dame aux yeux bleus, aux cheveux blancs, à l'humour acide, peut être vulnérable.

— C'est un excellent professeur, répète Mme Raymond.

— Qu'en savez-vous ? dit-il. Vous n'êtes pas dans sa classe.

— Pourquoi ? Ce n'est pas ton avis ? demande la mère.

— Je n'ai rien dit, répond l'enfant.

Intimidé, il sombre dans le silence.

Mme Raymond se met à ranger, à laver le bol, à ramasser les miettes éparpillées; elle se précipite même pour frotter la cuisinière à gaz pourtant propre et sort d'une corbeille des carottes et des navets. Elle s'y attaque et les épluche d'un geste rapide.

— Pourquoi ne dis-tu rien ? demande-t-elle.

Les oignons coupés en fines lamelles irritent ses yeux.

— Hier, monsieur Raymond nous a parlé de Louis XVI, dit l'enfant. Qu'est-ce que vous préféreriez, vous ? La guillotine ou un accident de voiture ?

— Vivre, parbleu ! s'exclame Mme Raymond.

Les légumes nagent dans l'eau abondante d'une grande casserole.

— Vivre, répète la femme. Je crois que c'est difficile.

— Moi aussi, j'aimerais bien vivre. Maman dit qu'on ne peut survivre que si on reste chez soi. Elle coud à la maison, elle s'y sent en sécurité.

— As-tu des amis ? demande Mme Raymond.

— Amis, c'est quoi ? Dans quel sens vous utilisez le mot « ami », madame ?

— Amis... copains...

L'enfant reste désorienté.

— Je ne sais pas. Je suis dans un groupe qui me défend d'un autre groupe. Nous nous battons ensemble. Pour être défendu, il faut faire partie d'un clan. Pour être dans le clan, il faut lui obéir.

— Les professeurs permettent ça ?

— Permettre ? Qu'est-ce que ça veut dire ?

— Autoriser... donner l'autorisation.

L'enfant se met à sourire.

— Vous parlez curieusement. Les professeurs, ils n'osent même pas venir dans la cour pendant la récréation. Ils n'ont rien à dire, les professeurs.

Mme Raymond fronce les sourcils.

— Alors, si tu n'as pas d'amis, tu ne rends jamais visite à personne ?

— Non. Je fais les courses pour maman. Mais seulement avant 17 heures. A partir de 17 heures, on ne peut plus circuler sans masque à gaz. Maman a de la chance : elle mesure 1 mètre 72. Alors, si elle a besoin d'attendre dehors dans la file avant de pénétrer dans le métro, elle le peut.

Les gens au-dessous de 1 mètre 70 devraient tous porter des masques à gaz. Il faut avoir beaucoup de chance et de patience pour arriver dans le métro. Mais si vous saviez comme c'est merveilleux quand, enfin, on y est ! Maman a dit qu'on respire comme en montagne. Souvent, les voyageurs prennent un billet comme s'ils voulaient aller vraiment quelque part. Ils se faufilent dans la foule et s'arrêtent longuement devant les bouches d'aération pour s'oxygéner. Grâce aux Américains qui nous envoient l'oxygène, le métro est sain. Chaque mois, des équipes enlèvent les bonbonnes géantes vides et en remettent des pleines à leur place.

Le garçon continue :

— Grâce aux Russes qui nous ont envoyé des arbres en plastique pour décorer les couloirs souterrains, le métro est devenu un vrai jardin. Maman a dit que les tunnels étaient jadis noirs. Maintenant, paraît-il, ils sont éclairés par la publicité phosphorescente. Une invention allemande. C'est bien, n'est-ce pas, madame, de recevoir des cadeaux de partout ? Avez-vous entendu à la radio que les gentils Sénégalais nous ont offert un hôpital ? C'est pour les cancers du poumon.

Martin, soudain, est devenu intarrissable.

— Il faut dire que maman est gentille avec moi parce que, quand je ne mange pas, elle m'encourage en me disant : « Si tu manges encore le reste de la boîte de conserve, un jour tu seras grand et tu pourras circuler en métro. » Il faudrait que je dépasse, un jour, 1 mètre 72. Adulte, moi, je mettrais bien un masque à gaz pour attendre devant les bouches de métro. Les vieux sont si têtus... Certains Parisiens de petite taille n'acceptent pas le masque. C'est bizarre, non ? Mon oncle, par exemple, il a attrapé une crise de colère, il a tapé sur la table de son chef de bureau, il a hurlé : « Je n'aime pas mettre un masque à gaz pour circuler dans la rue ! En conduisant, oui, mais pas en marchant. » Ce qu'il est capricieux, mon oncle !... « Un vrai gosse », dit ma tante. Plusieurs fois il a dû abandonner sa voiture. Il a déjà été transporté deux fois à l'hôpital avec le volant dévissé dans ses mains. Parce qu'il ne veut pas avaler le « Tranquillant ». Alors, il a des ennuis, mon oncle. Il m'a dit que, quand il voit beaucoup de voitures arrêtées devant lui, il a envie de se cogner la tête contre le pare-brise et qu'il voudrait hurler : « Je préfère crever que de vivre comme ça ! » Il est difficile, mon oncle !

— Comment gagne-t-il sa vie ? demande Mme Raymond.

— Bien. Il a obtenu un déplacement d'horaires. En commençant déjà à 7 heures du matin, il quitte son travail avant que l'oxyde de carbone monte. Dès 16 h 30, il s'en va de son bureau. Il est très gentil avec sa famille. Il a permis à sa fille, qui est ma cousine, de participer au concours du « plus joli squelette de Kergouélec ».

Mme Raymond s'exclame :

— De quoi ?

L'enfant répète avec patience :

— Le concours du plus joli squelette. Ne savez-vous pas ce que c'est ?

— Non.

— Pourtant, c'est connu. Les jeunes gens se font radiographier et, d'après les clichés, on leur peint leur squelette sur leur cage thoracique. Celui qui a la colonne vertébrale la plus droite gagne le concours. La plupart des colonnes vertébrales sont déformées, tordues à droite ou à gauche. Un beau squelette, c'est très rare. Ma cousine a eu le premier prix.

— Elle s'était montrée nue ? demande Mme Raymond.

— Mais non, elle n'était pas nue ; elle était peinte. Les messieurs, d'ailleurs, ne mettent plus de slips de bain, mais colorient leur zizi en marron, en rouge, en vert. Ainsi le soleil peut les dorer partout.

— Tu as vu tout ça ?

— Mais non, je ne sors jamais de Paris. C'est ma tante qui le raconte quand elle vient goûter à la maison.

Ils se taisent parce qu'Henri entre.

L'instituteur sent le climat de complicité qui s'est établi entre sa mère et son élève. Ce silence le met soudain en garde. S'ils n'avaient pas parlé de lui, de ses défauts, de ses faiblesses, pourquoi se seraient-ils tus ? Aurait-il été confondu et dévoilé ? Serait-il soudain sans défense ? A-t-on pu le considérer comme un lâche alors qu'il n'a jamais désiré qu'être tendre ou humain, ce qui est, en effet, plus grave ? Il aurait préféré déceler les signes d'une incompatibilité d'humeur entre sa mère et son élève, une hostilité quelconque qui les aurait empêchés de parler et de le choisir comme cible.

Quelle folie que d'amener dans son propre foyer cet enfant qui fait partie de la communauté des monstres, de l'amener justement à l'endroit le plus secret, le plus aimé de sa vie, chez sa mère ! Quelle dérision que d'introduire l'enfant ennemi dans le sanctuaire, dans son château de cartes normand, dans ce monde fragile qu'il a réussi à bâtir à force de mensonge et d'imagination !

Il aurait dû déposer Mme Martin et son fils dans une rue tortueuse d'Evreux, les laisser égarés sur les pavés luisants comme le dos des scarabées...

— Dans une heure, le dîner, déclare sa mère.

Henri lutte contre le sentiment de malaise qui l'envahit, et il dit :

— J'emmène Martin à l'écurie.

Il se tourne vers l'enfant :

— Tu viens ?

Dans la quiétude de la cuisine, tandis que la mère s'affaire autour de son potage, l'enfant-zombi, qui ne paraît plus croire à la promesse de l'écurie, tourne vers lui son visage transparent. Il se remue comme s'il lut-

156

tait contre une pesanteur quelconque. Il s'avance vers Henri. Henri sent la fragilité de l'instant.

— Viens, dit-il.

L'enfant lui tend sa petite main froide.

Il se retourne vers Mme Raymond et pose la question :

— Y a-t-il des moustiques, madame ?

La vieille dame répond aussitôt :

— Evidemment.

— Ils piquent ?

— Il faudrait que ton sang leur plaise.

— C'est vrai, dit l'enfant. J'ai lu dans *La vie dangereuse illustrée*, que les moustiques qui piquent les intoxiqués, meurent aussitôt. Ne vous moquez pas de moi...

— Tu me critiques, petit malotru ?

L'enfant s'épanouit dans un sourire.

— C'est beau !

— Quoi ? demande Henri, inquiet.

— Malotru. Quel joli mot ! C'est en vieux français ?

— Il se paye ma tête, dit Mme Raymond.

— Non, maman, je te promets que non.

— Malotru, répète l'enfant, émerveillé.

La vieille dame passe ses mains sur son tablier. Elle fixe ses yeux bleus étonnés sur Martin et lui dit :

— Et chenapan ? Petit chenapan ! Tu connais ça ?

— Votre maman en sait des mots ! s'exclame l'enfant. Elle ne parle pas comme tout le monde. Je pourrais l'écouter encore ?

L'enfant quitte la cuisine à regret. Avant de sortir, son regard cherche celui de Mme Raymond. Celle-ci hoche la tête et esquisse un sourire inattendu.

— Phénomène ! lance-t-elle. Reviens quand même. Je vais t'empoisonner avec un bifteck-frites et des crêpes.

— Des crêpes, c'est breton, dit l'enfant, dehors.

— Et alors ? demande Henri.

— Nous sommes en Normandie.

— Les crêpes n'ont pas de frontières, dit M. Raymond.

Le crépuscule est doux. Peu à peu, son ombre dorée prend possession des arbres. Le ciel frôle le pré; l'air nacré scintille. Les vieux murs de l'écurie baignent dans un halo rose.

M. Raymond et l'élève se méfient des mots; ils avancent en silence. L'heure est délicate. N'importe quelle mauvaise pensée laisserait une cicatrice.

Humide, le crépuscule les enveloppe de la tête aux pieds. L'enfant frissonne.

Ils pénètrent dans l'écurie. L'ombre marron se tapit dans les coins. L'atmosphère chaude les accueille. L'odeur aigre s'attaque à leurs narines.

Deux vaches, la tête baissée sur la mangeoire, se détachent sur le fond noir.

La première, aux flancs blancs et roux, se retourne. Avec ses grands yeux vides, elle contemple les visiteurs, prête, en signe de mécontentement, à les balayer d'un coup de queue violent.

La jeune fille assise sur un escabeau à côté de la deuxième vache qu'elle est en train de traire s'exclame :

— Aïe ! J'ai failli la recevoir dans la figure.

— Bonsoir, Thérèse, dit Henri. Tu es bien gentille d'aider maman.

— Bonjour, Henri, répond la jeune fille.

Elle ajoute :

— Je l'aide avec plaisir.

Martin l'observe. La jeune fille se livre à des mouvements bizarres, comme si elle tressait deux nattes accrochées au ventre de la vache. Il s'approche de Thérèse.

— Vous faites quoi ? demande-t-il.

Thérèse se renseigne :

— Qui est cet enfant ?

— Un élève de ma classe.

L'éclaboussure du jet de lait dans le seau trouble le silence.

— Il y a des trous ? demande l'enfant, émerveillé par sa découverte.

— Tu ne leur as pas appris qu'une vache a un pis ? demande Thérèse. Et les leçons de choses ?

L'enfant se met près d'elle.

Thérèse le prévient :

— Attention aux coups de queue.

Taquinée par le jet, la surface du lait se transforme en mousse.

Thérèse baisse la tête et dit :

— Il pourrait être ton fils.

— Il ne l'est pas, répond Henri, et il ne pourrait pas l'être. Ce serait un peu juste. Il a neuf ans et moi vingt-cinq.

Elle acquiesce.

— Oui, ce serait un peu juste, c'est vrai.

L'enfant se familiarise avec l'écurie. Intéressé, il hume l'odeur du fumier et il s'aventure plus loin. L'air épais paraît s'ébranler à son passage.

— De vraies vaches ! dit l'enfant, émerveillé.

Aucun détail ne lui échappe : ni les mouvements de queues, ni les hochements de têtes. Il les admire, émerveillé.

— Il n'a jamais été à la campagne, explique Henri à la jeune fille qui lève la tête et lui répond de sa voix traînante :

— Il était temps qu'il vienne.

Les bruits diminuent, les pis se vident.

La jeune fille se lève. Elle est mince, assez grande, élégante d'allure. Elle soulève le seau.

— Il est venu seul ? demande-t-elle.

— Non, avec moi.

— Vous êtes venus tous les deux ?

— Non, avec sa mère.

— Pourquoi ?

— Elle n'a pas voulu que...

— N'explique rien...

— Bon Dieu ! s'exclame-t-il. Je ne peux donc pas amener ici un enfant sans qu'on imagine...

L'enfant s'est esquivé. Il se trouve au fond de l'écurie, dans le box du cheval. Le cheval hennit. Le hennissement ressemble au râclement de gorge d'un vieux qui aurait trop fumé.

L'enfant, fasciné, regarde le cheval. Bonnot fait « brouh-brouh-brouh », retrousse la lèvre inférieure et ne cache rien de ses dents proéminentes.

— Bonjour, Bonnot, chuchote l'enfant.

Son cœur bat dans sa gorge.

— Je suis venu te voir. De Paris.

La petite main bleutée de veines effleure le cheval.

Bonnot hoche sa longue tête, ses narines se creusent, il désirerait afficher un large sourire. Dans ses yeux globuleux et blanchâtres, se dessine la silhouette du petit garçon.

Henri soulève l'enfant et la légèreté de celui-ci l'énerve. A neuf ans, Martin devrait être plus lourd, moins poupée de son.

Sans aucune raison, M. Raymond s'imagine un instant responsable de Martin. Pris dans l'engrenage de ces moments neufs dans sa vie, tandis que la lumière mouvante abandonne un dernier reflet sur les cheveux blonds de Thérèse, Henri se découvre encore capable d'aimer un enfant.

— C'est haut, dit l'enfant. Je vais tomber.

— Je te tiens, n'aie pas peur.

Au contact de Martin, le cheval se crispe d'étonnement; la peau de la bête se ride; il est en proie à de petits frémissements agréables.

— Il est haut, répète l'enfant.

— Le toit de l'écurie est bas, alors tu imagines que le cheval est très grand.

— Tu aimes bien cet enfant, dit Thérèse.

— Pas plus qu'un autre.

— Si.

— Supposons que tu aies raison. A quoi bon en parler ?

Thérèse hausse les épaules.

— Je vais porter le lait à ta mère. Tu restes combien de temps ?

— Pour le « pont »... quatre jours.

— On va se voir ? demande Thérèse.

L'enfant pousse un cri.

— Ah !

Bonnot vient de baisser la tête et, comme sur un vieux toboggan, l'enfant a failli glisser en avant. De tout son corps, il se plaque contre le cheval; il tremble.

— J'ai failli tomber, monsieur. Tenez-moi.

La peau de Bonnot vibre comme un vieil harmonica. Il lève le pied droit et pousse un « brouh-brouh-brouh » puissant.

— On dirait une montagne qui s'ébranle !

— Ne t'en fais pas, répond Henri.

Il se sent apaisé.

— Tu veux descendre ?

— Non, réplique l'enfant. Pas encore. Je l'aime trop.

Il se penche sur l'encolure et embrasse la peau pelée de sueur de Bonnot.

— Monsieur ? appelle-t-il, en tournant son petit visage vers Henri.

— Oui.

— Je préfère Bonnot à maman.

— Ta maman doit passer avant tout le monde, répond M. Raymond sans conviction.

— J'aime plus le cheval que maman. Pourrai-je dormir à l'écurie ?

— Au revoir, prononce Thérèse. A demain.

Que faire avec ces femmes exigeantes, prévoyantes, affolées ou passives ? Il désirerait un tête-à-tête en paix avec l'enfant. Il ne se veut ni harcelé, ni surveillé quant à ses pensées.

— Je n'ai pas de projets, dit-il. Demain, je serai avec l'enfant.

— C'est parfait, répond Thérèse.

Cette douce résignation l'irrite.

Penchée légèrement à droite sous le poids du seau, Thérèse s'en va.

Henri sépare l'enfant de Bonnot. Il promet à Martin, pour le lendemain, une randonnée mémorable.

— Je sens l'odeur de Bonnot. Maman va éternuer !

— Tu vas bien te laver.

— Me laver ? dit Jean Martin. Jamais ! Je veux sentir l'écurie.

Il ajoute, presque en s'excusant :

— J'ai un peu mal à la tête. Ça va passer.

Ils reviennent à la cuisine.

Mme Raymond lance à Henri, en le regardant dans les yeux :

— As-tu vu Thérèse ?

— Oui.

D'un geste, Henri envoie l'enfant au premier :

— Préviens ta maman que nous dînons dans quelques minutes et, aussi, lave-toi les mains.

L'enfant s'en va, et Mme Raymond se retourne vers Henri.

— Félicitations. La femme, l'enfant, les mots tendres et les « lave-toi les mains ». Coincé, tu es coincé. Te sens-tu soudain père ? Si tu veux te marier — et je le comprendrais — épouse Thérèse, elle n'est qu'espoir. Moi, je ne voudrais pas d'une divorcée intoxiquée et d'un moutard anémique. Il est bien brave, ce gosse, mais je voudrais un petit-fils plus costaud.

— J'ai voulu me marier, maman, tu le sais bien, avec l'institutrice. C'était impossible. Je ne suis plus pressé.

Après un court silence, il reprend :

— Thérèse, je l'aime bien... Mais je n'en

voudrais pas pour la vie. Elle rêverait de freiner jusqu'à mes pensées. Si j'avais pu aller en Australie pour redevenir paysan, je l'aurais emmenée. En Australie, elle aurait été parfaite. En France, elle est hors du temps. Comment vivre avec un phénomène qui trait les vaches, qui dort sans somnifère, qui voudrait accoucher de plusieurs enfants, et les élever dans la foi et dans le respect des institutions ? De quelles institutions ? Autant la proposer à un cirque : « La femme à la grande vertu, à la place de la femme à barbe ! » Je cours sans cesse, je m'essouffle, j'essaie de ne pas être en retard. L'époque, à chaque instant, me dépasse. En compagnie d'une femme de jadis, je n'aurais qu'à m'enterrer vivant comme un suricate. Mais, eux, ils ne voudraient pas de moi...

J'essaie d'évoluer, de m'habituer à la vie parisienne. Par exemple, respirer sans avoir à ouvrir la cage thoracique. Respirer comme si j'avais les côtes cassées. Respirer par à-coups. Comme un poisson par terre. Je m'exerce à ne plus m'étonner. De rien. Je m'entraîne à vivre sans idéal, sans amour, devenu esclave volontaire d'une vie, pour moi, absurde. Avec humilité, je me plie aux exigences de la vie quotidienne. Ligoté, dressé, tranquillisé, masqué, presque émasculé, j'aime vivre. L'amour de la vie est plus fort que la raison. Je n'y peux rien. Le psittacisme m'aide.

— Quoi ? s'exclame la mère.

— Le psittacisme ! Le mot clé de nos jours. La signification de ce mot ? Je l'ai apprise par cœur. Et je m'en répète la définition en guise de prière : « Le fait de raisonner sans avoir présentes à l'esprit les idées que les mots expriment; répétition mécanique de phrases, de notions que le sujet n'a ni comprises, ni pensées. Comme les perroquets... qui répètent n'importe quoi... » Les médecins spécialisés dans l'abaissement confortable du niveau intellectuel général sont les partisans fervents de la psittacose intellectuelle ! Nous devons parler sans réfléchir, souffrir constamment sans pouvoir localiser la douleur, écouter sans entendre, nous cultiver sans curiosité aucune, ne voir dans l'amour que l'équilibre physique, et détourner ainsi les dangers qui conduisent au déséquilibre mental. Lire, pour pleurer sur le paradis perdu, hier c'était encore le paradis. Il s'agit, aujourd'hui, d'acquérir une « vaste » culture, exprimée en français de base, n'utilisant pas plus de 2 500 mots. Selon le ministre de l'Education nationale, le Français en tant qu'individu est trop intelligent, donc trop sensible à l'effort. Déjà les 2 500 mots de sa langue maternelle le fatiguent. Dans l'enseignement, toutes les langues étrangères sont supprimées. Pour ne pas créer un choc mental regrettable, les radios, même pour les chansons, ne diffusent que les paroles françaises. Il faut payer un prix fort, au marché noir, pour trouver un appareil qui puisse capter l'étranger. Nous sommes gouvernés par l'Automobile. Les voitures de toutes sortes sont superbes, ce sont les conducteurs qui deviennent fous. Il n'y a pas de mauvaises voitures, mais des conducteurs qui sont malades. Nous devons apprécier le malheur, issu du progrès, d'enseigner sans feu l'Histoire enfoncée dans les cendres à des enfants qui voudraient nous scalper, de se sacrifier pour une génération de monstres qui, selon la loi de la nature, seront consommés à leur tour, plus tard, par d'autres monstres. Selon un médecin mixte — c'est celui qui peut soigner les malades des villes et ceux de la province — je suis en train d'acquérir la juste dose de toxine et d'antidote nécessaire pour devenir Citoyen Mixte. Je ne dois, en aucun cas, manquer une fin de semaine ni un « pont ».

Sa confession semble le soulager.

Il dit encore :

— Maman, je désirerais m'installer dans notre siècle.

— Et les enfants, dit-elle, tu trouves auprès d'eux ce que tu as cherché ?

— Non.

— Pourtant, ce petit...

— Eloigné des autres, il est devenu presque humain. Réunis, les enfants sont monstrueux. Il faudrait prendre chacun à part. Imagine quel sacerdoce que de se consacrer à une génération perdue, en prenant les individus un par un. Combien d'êtres humains pourraient être sauvés au prix d'un après-midi qu'on leur consacrerait à chacun ? Soixante millions de Français nécessiteraient vingt millions de rééducateurs mentaux !

Il ne déguise plus du tout ses sentiments.

— Maman, tu ne peux pas imaginer le désir de violence des enfants. Intoxiqués ou mixtes, ils éclatent de nervosité. A l'école, les coups de karaté pleuvent et ils se frappent durement. Les lèvres couvertes d'écume — Oui, maman — ils bavent de colère ! Ces gosses ne savent même pas pourquoi ils sont prêts à exploser... Ils n'auront même pas la possibilité de se défouler lors d'une guerre à venir. Ils seront soufflés par la bombe ou terrassés par les éléments bactériologiques sans avoir eu la possibilité de se livrer eux-mêmes à un massacre. Sais-tu que, parfois, les autoroutes sont coupées par les bandes d'adolescents des cités satellites ? Ils nous rançonnent comme à l'époque de Robin des Bois. A Paris, les habitants me semblent d'une violence particulière. Les anthropologistes tremblent. L'Homme n'est plus l'Homme, mais il ne ressemble pas à l'animal non plus, tant sa cruauté est grande. C'est une mutation chimique qui est en train de créer une nouvelle race.

— As-tu une vague chance d'être un jour heureux ? demande Mme Raymond.

— Heureux ? Non. Réconcilié avec moi-même ? Oui. Pourtant, j'ai le désir d'accomplir une tâche; je devrais servir à quelque chose; j'aimerais contribuer au bien-être moral de quelqu'un. Je n'ai pas encore pu tuer ce désir en moi. Il me tourmente.

Sa mère se redresse et dit :

— L'enfant, tu l'as dans ton cœur...

— Depuis peu de temps. Oui.

— Hostile, il te fera souffrir, dit Mme Raymond. Si tu te mets à aimer n'importe qui...

— Je sais, maman, que Martin, de nouveau dans son cadre habituel, redeviendra un monstre. Je voudrais l'imaginer différent jusqu'à lundi. C'est idiot, mais c'est ainsi.

Elle tend l'oreille.

— Ils sortent...

Elle les interpelle :

— Vous cherchez la porte de la cuisine ? L'interrupteur est à gauche.

La Parisienne répond :

— Nous sortons juste un instant. Merci. Mon fils me parle d'une étoile.

— Pour lui, tout est neuf, explique Henri. A Paris, à cause des nuages chimiques, les étoiles sont peu visibles.

Mme Raymond laisse couler la pâte à crêpe dans la poêle. En grésillant, le mélange fragile se fixe aussitôt sur la surface chaude. Elle se met à jouer avec la poêle. Elle la secoue; sans y toucher, elle détache adroitement la crêpe; elle la fait danser, glisser, patiner et, d'un geste brusque, elle la retourne.

Voûtée, saisie par le changement d'air brutal, Mme Martin respire laborieusement. Elle éternue, se mouche, n'épargne pas une remarque :

— Tu pourrais dire « A ta santé, maman. »

— A ta santé, maman.

— Où est l'étoile ?

— Là, au-dessus.

— Ma tête éclate... Imprudent ! Tu me fais me pencher en arrière. Je vais tomber ! L'étoile est belle, c'est vrai !

Tandis qu'elle est dressée vers le ciel, ses talons s'enfoncent dans la terre.

— Tu n'as pas peur d'eux ?

— Peur ?

— Oui. Peur. Si ton professeur était un fou qui songe à nous couper la gorge pendant la nuit ?

— Pourquoi devrait-il nous couper le cou ?

— Je ne sais pas. Il ne m'inspire pas confiance. Il s'entend très bien avec sa mère qui est sa complice. Ils nous ont peut-être attirés dans un guet-apens. La concierge nous a vus partir, mais elle n'a pas la moindre idée de l'endroit où nous nous trouvons. Disparus tous les deux, qui nous chercherait ? Mes clientes me réclameraient peut-être, au bout d'un certain temps. Pour récupérer leurs tissus.

— Maman ! La lune.

Nageant d'une brasse lente sur l'eau noire du ciel, quelques nuages se déplacent et dévoilent le sourire mécanique de la lune.

— Tu vois, maman, dit l'enfant, elle n'a pas changé. Le passage des hommes n'y a laissé aucune trace.

— Jean, je m'intéresse plus à nous qu'à la lune. Pourquoi, selon toi, ton professeur nous a-t-il amenés ici ? Il n'a aucune raison de te faire du bien et, visiblement, il ne me supporte pas.

— Maman ?... As-tu déjà vu un bois noir ?

— Non.

— Alors, regarde.

— Où ?

— En face de toi.

— Je ne vois rien.

— Le bois noir est là. Tu ne le vois pas parce qu'il est noir.

— Jean, laisse tes idioties de bois noir. Ecoute-moi. La clef manque sur la porte de notre chambre.

— Tu dis que tu dors mal. Profites-en. Tu veilleras.

— Tu es d'une cruauté...

— Moi ? Je répète ce que tu me dis. Allons dîner. Essaie de ne pas être ridicule, s'il te plaît.

Mme Martin tousse et dit :

— Ton professeur m'observe, dégoûté, comme si j'étais un serpent. Maintenant, je suis enfoncée dans la terre, comment m'en détacher ?

Elle s'appuie sur son fils et continue :

— Tu imagines ? S'il y avait des serpents et des araignées ? « La vie dangereuse illustrée » met tout le monde en garde contre les insectes. J'ai même vérifié sous l'oreiller. Heureusement, je n'ai rien trouvé.

— Maman, ne les fais pas sourire pendant le dîner !

— Du respect ! Un semblant de respect !

— Maman, s'il te plaît...

Mme Martin commente simplement :

— Est-ce l'âge difficile ? J'ai entendu à la radio que...

Grâce aux mouvements rapides de Mme Raymond, dans la salle commune, silencieuse, de la ferme, les crêpes s'empilent sur une assiette.

Mme Raymond raconte :

— J'ai eu une escarmouche avec l'adjoint au maire.

— Quelle escarmouche ?

— L'adjoint au maire m'a rendu visite et il m'a annoncé que, bientôt, le samedi et le dimanche, je devrai laisser visiter la ferme, l'écurie et la grange.

— Visiter ! s'exclame Henri.

— Oui. Un décret récent nous a classés « réserve officielle ». Nous deviendrons peu à peu une curiosité touristique. Les touristes vi-

174

siteront la ferme avec un guide, nommé par la mairie.

— Continue, maman.

— L'adjoint au maire aurait aimé dresser sur-le-champ l'inventaire du mobilier et des objets. Lorsqu'il a vu la Vierge sur la commode, je t'assure qu'il a gloussé de bonheur. Les pommes sur l'armoire l'ont enchanté. Le vieux pot de chambre en faïence fleurie l'a mis en effervescence. Il paraît que les pots de chambre en faïence sont devenus des pièces de musée.

— Parle, maman.

— Je l'ai menacé de dire aux touristes que nous subsistons comme des animaux ou des Indiens. J'expliquerai que je n'ai signé que sous la contrainte un engagement viager selon lequel, après notre décès, nos terrains appartiendront à l'Etat. Que l'Etat, qui nous verse une rente famélique, non indexée, donc illusoire, nous a réduits au niveau de serfs.

— Alors ?

— Tu ne sais dire qu'« alors ». L'adjoint au maire a constaté que j'avais une mentalité rétrograde; il m'a assuré qu'il ne valait plus du tout la peine de jouer à la révoltée. Selon lui, il n'y a plus de partis politiques en

France. Personne ne nous défendra. Est-ce vrai, Henri ?

— Oui, maman. Les partis sont en fait dissous. Le poids chimique de l'air ne supporte plus aucun ébranlement dû à une exclamation quelconque; donc, il n'y a plus de réunions politiques possibles. Un seul cri « camarade », dans une salle comble, risquerait de provoquer une explosion. A Paris, on ne peut plus que chuchoter. On se dit « camarade », à l'oreille. Il n'est guère possible de se révolter en sourdine, l'âme serrée dans un étau et les poumons pourris. L'adjoint ne t'a pas menti.

— Pourtant, j'ai refusé d'emblée les visites, continue-t-elle, et autour de nous, dans les autres fermes, tous se sont déclarés solidaires. Thérèse a été dénoncée à la mairie, et aussi, conjointement, auprès du contrôle parisien des réserves de paysans. Elle a été considérée comme trop jeune pour vivre en réserve. Ils estiment qu'à vingt ans, elle devrait faire une tentative de s'intégrer dans le Système. L'assistante sociale de la commune aurait voulu l'envoyer dans une usine décentralisée pour ne pas la priver trop brutalement d'oxygène. Thérèse a déclaré, devant une commission d'enquête, que, si on l'enlevait de la campagne, elle s'ouvrirait les veines. Le médecin, compréhensif, lui a délivré un certificat de complaisance en la déclarant simple d'esprit. Le simulacre d'une folie inoffensive lui permet de rester dans la réserve. Epousée par toi, éventuellement, elle aurait eu moins de problèmes.

— Tu me sidères, maman. Pourtant, tu m'affoles. Mais je ne voudrais pas que la femme et l'enfant supposent nos difficultés. J'aimerais qu'ils se croient au...

— Au Paradis, n'est-ce pas ? dit-elle. Jouons, alors. Attention, ils arrivent.

Elle glisse l'assiette chargée de crêpes dans le four, se retourne vers la porte et dit :

— Venez, venez.

Accompagnée par son fils, Mme Martin entre. Elle se retourne un instant pour examiner ses talons salis par la terre.

— Comme si j'avais marché dans de l'argile humide...

— Notre terre est accueillante, dit Mme Raymond. Asseyez-vous. Où vous voulez... Henri, sers le potage au petit. Madame, servez-vous...

Inquiète devant le liquide inconnu, Mme Martin plonge sa cuillère avec suspicion dans le potage. Simultanément, elle allonge ses jambes sous la table. Avec son pied gauche, elle ôte sa chaussure droite. Ensuite, elle se livre à l'opération similaire avec l'autre pied. En faisant bouger ses doigts de pied sous la table, elle soupire d'aise.

— Ça ne se fait pas... Je le sais, dit-elle. Mais, à la maison, je me promène toujours en pantoufles.

L'enfant l'accroche au passage :

— Promener ? Tu te lèves et tu t'assois. Tu ne te promènes pas.

— Les enfants d'aujourd'hui observent sans cesse leurs parents, reprend Mme Martin, un peu gênée. Sévères, ils ne leur laissent rien passer. Chez nous, l'homme, le père, manque. Son absence ne facilite pas l'éducation.

— Change de disque, maman, intervient Martin.

Il ajoute, en se tournant vers la paysanne :

— Maman raconte à tout le monde que mon père est parti. Tout le monde le sait.

Henri préfère intervenir :

— Monsieur le directeur ne semblait pas être au courant.

Une ombre traverse l'iris de l'enfant. Henri voudrait s'injurier lui-même. Il n'aurait dû évoquer ni l'école, ni Paris. Il s'attend à une réponse cinglante. Martin tourne la cuillère dans son potage.

Mme Raymond les observe.

— Si vous n'aimez pas mon potage... Laissez-le. Ne vous gênez pas.

Elle se lève et replonge ses frites dans l'huile bouillante.

Martin regarde son assiette chargée :

— Et après, il faut manger encore des crêpes ! dit-il, oppressé.

— Il me faut un médecin, supplie Mme Martin. Peut-être même une piqûre de solugoudron... J'ai trop d'air.

— En cas de nécessité péremptoire, je vous emmènerai à Lisieux, dit Henri. Là-bas, à l'hôpital, les médecins vous installeront sous une tente à oxyde de carbone. Vous n'avez qu'à m'alerter. Cette nuit, je peux être prêt en deux secondes.

Mme Raymond remplit de vin le verre de la couturière.

— Un petit coup ! Allez...

Henri s'exclame, affolé :

— Mais non, maman, l'alcool est interdit pour les intoxiqués.

Mme Martin esquisse un vague sourire, soulève son verre plein, le regarde, et dit :

— Si je buvais ça, j'éclaterais comme un

vieux ballon ou je tomberais dans le coma. Ne savez-vous pas qu'il n'y a plus d'alcooliques à Paris ? On est drogué de gaz. Alors si, de surcroît, on prenait un petit verre de rouge, on irait directement en enfer. Et sans plaisir, paraît-il.

Elle s'attendrit sur son destin et se tourne vers la paysanne.

— Je n'ai pas l'habitude de parler quand on m'écoute, vraiment. L'attention des autres m'intimide. Ce qui m'épate chez vous, c'est l'absence de la radio...

Mme Martin continue :

— Le reste est séduisant. Les crêpes, les vaches, le cheval, une étoile, la lune sans voile mauve, des bizarreries charmantes... Je risque le prix, mais j'apprécie, je suis assez ouverte au monde... Je risque ici beaucoup : des lésions aux poumons, des irritations de la gorge, une inflammation de la rétine, et quoi d'autre encore, sous l'effet dangereux de l'afflux d'oxygène, mais Dieu sait pourquoi, je ne me fais pas de mauvais sang. Je suis devenue fataliste. On ne le dirait pas, n'est-ce pas ? Je me sens assez libre, même dans la souffrance. Une fois par mois, je m'entraîne...

— Maman ! dit l'enfant.

Imperturbable, elle continue :

— Je me libère une fois par mois. Je me soulage de mes complexes. J'ose. J'ose tout. Grâce à cette méthode d'encouragement de la personnalité, j'ai le courage de refuser vos crêpes. Je ne mangerai pas de crêpes, parce que je ne les aime pas.

— Tout cela ne vaut pas un discours, dit Mme Raymond.

— La radio a dit, répond Mme Martin, que, parfois, il faut s'exprimer. Au sujet de n'importe quoi ! J'ai choisi les crêpes !

Elle patauge dans un silence désagréable. Un peu plus tard, elle reprend, gênée :

— Des complexes ? J'en ai à revendre. Je suis devenue une curiosité touristique. L'une des deux couturières qui subsistent encore en France... Mon petit logement, paraît-il, est pittoresque, tant de tissus s'y accumulent... Les gens aiment le pittoresque. L'artisanat a disparu. Vive l'artisanat ! disent-ils. Lorsque les touristes étrangers arrivent à Paris, ils se munissent, avant tout, d'un petit masque à gaz; en second lieu, ils vont voir le mur du 24e arrondissement. Pourtant, il est bien moche, ce mur : les véhicules renversés sont déjà rouillés. Ayant quitté le mur, le car s'arrête devant notre maison. La municipalité voudrait bien les introduire chez moi; ils considèrent mon intérieur comme le musée miniature d'un métier fini...

Crispée, Mme Raymond l'écoute.

Martin déguste une crêpe déchiquetée en lambeaux.

La couturière reprend :

— Je suis sûre que je vais pleurer. Mon cœur est devenu comme fou, mon estomac chavire, ma tête éclate et je suis privée de l'aide de la radio. Obligée de réfléchir, je m'écoute, et je pense ! Penser ? Quelles terreurs, quels abîmes... Encore un peu, et je serais tentée de devenir mixte. Je m'en vais. C'est plus sage.

Elle laisse sous la table ses chaussures et, derrière elle, un silence lourd s'installe.

Peu après, l'enfant va se coucher à son tour et Henri sort pour se promener. Il respire selon la méthode : « Devenez mixte en vingt-quatre leçons. » En inspirant, il ouvre sa cage thoracique; en expirant, il la vide. Il se croise les bras et penche la tête en avant. Les « ah-ah-ah-ah » obligatoires aident à chasser l'air vicié des poumons. Il se sent grotesque, donc humilié. Discipliné, il répète pourtant : « Ah-ah-ah-ah ».

En proie à un vertige léger, il se rapproche du bois noir. Il se cogne contre un arbre; il n'a même pas un mouvement d'humeur. Son nez contre l'écorce, ne serait-ce pas le symbole de sa propre vie ?

Au début de sa vie d'homme, il avait tout tenté. En premier lieu, il avait songé à devenir missionnaire administratif. Se pliant aux exigences de cette fonction téméraire, il aurait dû prêcher dans les cantines des administrations. Exhorter « à l'humanité et à la compréhension. » Les résultats des différents tests subis par lui avaient démontré la vanité de cette ambition. Henri Raymond avait été écarté à cause de sa sensibilité extrême; il aurait risqué d'être mis en pièces par des employés surexcités par tant de candeur naturelle.

Ensuite, il aurait aimé se transformer en ingénieur des âmes, s'intégrer dans le groupe des vigiles anti-suicide. Partisan de la vie, optimiste professionnel, il aurait eu à dissuader les gens qui avaient envie de mourir. Mais il aurait eu tendance à individualiser trop sa fonction; à cause de son personnalisme suranné, au moins cinq autres futures victimes à réconforter, et en attente, auraient eu le temps, dans l'intervalle, de mettre fin à leur vie, par exemple en se tranchant la gorge ou à l'aide de somnifères, ou bien par l'asphyxie, en ouvrant une fenêtre au rez-de-chaussée à l'heure de pointe.

Au bout d'une série de tests qui remplissaient des dossiers entiers, les centres spécialisés dans le classement des jeunes étaient arrivés au même résultat : le nommé Henri Raymond se rangeait sans aucun doute dans la catégorie des inadaptés.

Henri s'était un moment bercé d'une idée saugrenue : devenir aviateur des secours publics. Assis dans le modèle réduit du futur avion à piloter, à peine plus volumineux qu'un élément de manège, il aurait dû lâcher une bombe atomique hypothétique sur l'une des villes habitées par des incurables. Rouge de honte, il avait bredouillé : « Je ne pourrai pas tuer. » Les gentils examinateurs lui avaient pourtant expliqué que tuer était une nécessité nationale, un acte de civisme louable. Ils lui avaient rappelé le nombre croissant de vieillards et de malades inguérissables qu'on ne pouvait indéfiniment entretenir et, patiemment, lui avaient exposé les raisons d'Etat qui s'imposaient ici. Tremblant, il avait répété : « Non. Je ne pourrai pas tuer... »

Il avait tenté aussi de devenir architecte des futures villes souterraines à creuser sous des villes déjà existantes. Mais, lorsqu'il aurait dû présenter la description de quartiers à jamais sans soleil, nerveux, il avait expliqué laborieusement qu'il laisserait des fentes d'aération naturelle, du moins pour les futures écoles. Jugé sentimental, il avait été refusé par la commission des promoteurs dont les plans devaient aboutir à transformer les catacombes en secteurs résidentiels.

Les psychotechniciens étaient peu bavards quant aux résultats de ces tests divers. Henri recevait seulement les fiches négatives quelques semaines après chaque tentative.

Une investigatrice psychologique avait été jusqu'à suggérer la nécessité de son transfert immédiat dans une des villes dortoirs de Paris — en l'occurrence, Orléans — destinées, précisément, à la rééducation mentale de ceux qui souffraient du « refus du siècle ». Henri aurait pu se retrouver au bord de la Loire dans un des centres de rééducation pour inadaptés moraux. Il aurait eu alors, à longueur de journée, à reconstituer un puzzle géant pour obtenir l'inscription suivante : « Mon siècle est merveilleux. »

Rancunière, l'investigatrice l'avait poursuivi pendant des semaines. Elle le haïssait à cause d'une remarque. Henri s'était trouvé seul avec la jeune femme dans une pièce assez vaste.

— Déshabillez-vous, avait-elle ordonné.

On l'avait installé, nu comme un ver, assis dans un fauteuil, avec des électrodes fixés autour de son sexe et de son cœur.

L'investigatrice avait projeté différentes images sur l'écran qui occupait le fond de la petite salle, et chacun des moindres frémissements physiologiques ou psychologiques d'Henri avait été, à l'aide de courbes dansantes, enregistré sur un rouleau de papier glacé.

De temps à autre, l'examinatrice avait hoché la tête et, à la fin, elle lui avait lancé d'une voix aiguë :

— Vous devriez séparer nettement votre vie sexuelle et votre vie intellectuelle. Habituez-vous à accepter la procréation en dehors de tous sentiments inutiles et les penchants romantiques de l'âme sans envies sexuelles !

Furieux, il s'était rhabillé et il avait lancé à la femme :

— A votre place, je m'efforcerais de faire la cuisine et d'avoir des enfants. Votre métier est malsain. Vous tripotez l'âme et le sexe, vous n'êtes qu'une hétéro-intellectuelle !

Blême d'indignation, elle avait, dès lors, poursuivi Henri pendant des mois. La sensibilité d'Henri, qui faisait avancer les aiguilles à l'extrême limite des cadrans, l'avait ainsi écarté de toutes fonctions en relation avec la vie publique.

En se livrant à des efforts louables, il avait essayé de paraître différent. Haletant, il s'était mis à défier les appareils. Il avait cherché à se montrer inhumain, tueur s'il le fallait, destructeur en puissance, logique comme un cartésien malade d'une folie cristalline, dans un raisonnement à l'envers moins séduisant que le vertige. Hélas ! Sur les cadrans, les aiguilles avaient poursuivi leur trajectoire. Lors d'une tentative ultime, l'aiguille avait même fait sauter le verre protecteur de l'appareil. Malgré sa volonté, sa tension avait monté au moment où il aurait dû donner son accord pour la suppression des églises afin de les transformer en garages, étant entendu que, sur un autel installé entre les pompes à essence, les prêtres auraient pu y dire, de temps à autre, une messe rapide.

Il était resté, en France, deux seules branches où un individu pouvait se placer sans avoir à subir les tests. L'un était l'enseignement où, faute d'amateurs, les autorités avaient décidé d'accepter les téméraires, les naïfs, les sentimentaux, les rares idéalistes, ceux qui avaient une mentalité de missionnaire. L'autre concernait un point douloureux pour le gouvernement : il touchait au 24e arrondissement en révolte.

Environ six à sept ans auparavant, à cause d'un emplacement de voiture disputé, deux hommes avaient été tués par une conductrice en fureur qui les avait égorgés avec un couteau à découper qu'elle venait d'acheter.

Les habitants de cet arrondissement avaient mal pris ce fait divers banal et ils avaient, sur-le-champ, constitué un comité de défense de l'Etre Humain. Avec des véhicules renversés, ils avaient dressé, autour du quartier, une barricade, un vrai mur. Maladroitement ébruitée, l'affaire s'était envenimée. Le quartier, devenu intouchable, avait décidé de résister aux voitures. Les habitants étaient, depuis ce temps, nourris par les Américains à l'aide de petites fusées chargées de nourriture et de médicaments.

Le gouvernement français avait énergiquement protesté contre cette intrusion américaine dans des affaires françaises, mais le président des Etats-Unis avait menacé de supprimer l'envoi des bonbonnes d'oxygène indispensables à la survie des hôpitaux et du métro français. Le chef de l'Etat français avait dû, à contrecœur, s'incliner, il avait dû accepter ainsi la visite des délégués hindous de l'O.N.U. Ceux-ci avaient présenté un rapport détaillé sur l'état de misère incroyable du 24e arrondissement. Ils avaient remarqué que, faute d'avoir la place de les enterrer, les habitants brûlaient les cadavres et les ordures. Les Hindous avaient été profondément choqués du fait que certains mangeaient même des chiens jusqu'ici considérés, en France, comme sacrés.

Jamais, aucun des délégués désignés pour aller discuter avec le maire héroïque du 24e arrondissement n'était revenu. Leur sort était resté mystérieux. Convaincus de l'utilité de la lutte contre les voitures, étaient-ils restés là-bas ? Etaient-ils devenus les victimes des affamés ? En tout état de cause, leurs familles avaient été prises en charge par le pays et leurs veuves décorées devant le monument de l'Automobiliste Inconnu.

En peu de temps, les Parisiens avaient pris l'habitude du quartier interdit.

L'opinion internationale, légèrement émoustillée, au début, par cette affaire, ravie de l'embarras du gouvernement français, avait trouvé, à la fin, légitime qu'un quartier de Paris se soit engagé à lutter jusqu'à son dernier survivant contre les voitures. De temps à autre, en bandes, des suricates défilaient devant le mur; ils brandissaient des drapeaux, criaient des mots d'encouragement et s'éloignaient ensuite paisiblement.

Les touristes étrangers venaient aussi, parfois, photographier le mur à travers les vitres baissées des taxis.

Le lendemain matin, tôt, Jean Martin apparaît à la cuisine. Il arrive, hirsute et curieux, avide de voir et d'apprendre. Disponible.

— Tu t'es lavé ? demande Mme Raymond.

— Un peu. Bonjour, madame.

— Bonjour, petit. Et tes cheveux ?

— J'ai oublié mon peigne à Paris. Ma brosse à dents aussi.

— Tu oublies tout.

— Je n'ai pas l'habitude de faire une valise. Je ne vais jamais nulle part.

— Du lait ?

— Si vous voulez...

Il s'installe à la grande table et il pousse un soupir.

— J'ai fait un cauchemar. J'en ai l'habitude. L'oxygène n'y est pour rien. C'est un cauchemar de Paris qui m'est revenu. Toujours le même. J'imagine que j'assomme quelqu'un avec une barre de fer. Ça fait crac. Et

ce crac me donne mal au ventre. J'entends :
« crac ». Et j'ai peur.

— Pourquoi voudrais-tu assommer quelqu'un ?

— Je ne le voudrais pas... Mais il faudra
bien. Je désire faire une licence de lettres et,
à l'université, je ne pourrai entrer qu'armé.
Le contrôle des Etudiants Dirigeants exige
l'équipement complet : casque, bouclier,
bombe lacrymogène et le reste...

L'enfant continue :

— Je trouve très bien le « Gouvernement
d'étudiants ». Mon oncle a demandé un
laissez-passer pour traverser l'Etat des Etudiants, ça lui a été refusé. Ils n'ont pas besoin
de vieux provocateurs. Ni de visiteurs qui cri-
tiquent. Je les comprends. Les vieux, ils ne
servent à rien... Sauf pour dire : « De mon
temps, de mon temps ». Qu'est-ce qu'ils veulent que ça nous fasse « leur temps » ? Nous
avons le nôtre. Notre temps à nous. Le nouveau Gouverneur des étudiants a 26 ans. C'est
juste comme âge. Mais ça va encore. Il paraît
qu'il est formidable. Il donne même des
laissez-passer aux professeurs pour que
ceux-ci puissent circuler librement. Un chic
type !

Mme Raymond beurre une tartine.

— Tout cela n'est pas nouveau, dit-elle. Tu en rêves trop tôt. Tu n'es même pas au lycée.

Elle lui tend la tartine.

— Maman me rebat les oreilles avec l'avenir. Elle voudrait que je sois fort. Bien à mon aise, dit-elle... Elle m'a même inscrit pour une grève de la faim à mon futur lycée où j'irai dans deux ans. Je suis sur la liste d'attente du 15 au 21 février.

— Une liste d'attente de grève ? s'exclame Mme Raymond. Mais pour obtenir quoi ?

— On le saura à temps. Il y a toujours des revendications ! L'important, c'est la bataille. La cause ? On la trouve au dernier instant. Tant qu'on en veut. Un étudiant se forme, se prépare pour la vie en se battant. Au B. H. V., au mois de juillet, on solde les boucliers. Pas tous, certains. Ceux qui ont un petit défaut, ou bien ceux de l'étalage... Quant à la grève de la faim, il vaut mieux avoir une place couchée. Autrement, debout, on se fatigue vite, et on risque de céder.

— A qui ?

— A ceux qui sont contre !

— Contre quoi ?

— Contre nous. Nous ne nous laisserons pas opprimer en 5ᵉ.

— Ta mère est folle ! Tu es maigre comme

un clou. Il ne restera rien de toi après la grève de la faim.

— Maman a dit que j'étais un boulet lourd à traîner. Une petite perte de poids l'arrangerait... Je plaisante, madame. Heureusement, j'ai mon oncle. Il est tendre. Il me gâte. J'ai reçu, pour mon anniversaire, un coup de poing américain. Depuis que je l'ai, je peux mieux me défendre pendant la récréation. Mon oncle a dit : « Dans un monde de cons, il faut vivre comme un con, mais un con armé. » C'est lui qui m'offrira la barre de fer quand je serai grand. Je me battrai pour travailler, contre ceux qui se battent pour ne pas travailler.

— Pourquoi êtes-vous méchants avec les professeurs ?

— On nous les donne en proie...

— Tu iras donc à l'université pour te battre ?

— On m'y obligera bien... Mon oncle dit souvent : « Vos universités ? Vous me faites marrer, je me tords de rire. » Mais il ne rit pas. Sa formule, quand il parle de l'université, c'est : « On n'y apprend rien à des gens qui n'écoutent pas, qui y obtiendront un diplôme qui ne vaudra rien et qui deviendront professeurs à leur tour dans des lycées où ils ne pourront même pas ouvrir la bouche. » Il est taquin, mon oncle !

— Il exagère, dit Mme Raymond.

Et elle ajoute, pensive :

— Il est quoi ?

— Qui ?

— Ton oncle.

— Comment quoi ?

— Son métier ?

— Inspecteur des poubelles. Plus jeune, il sondait. Maintenant, il supervise les sondages.

— Qu'est-ce qu'on sonde ?

— La profondeur des détritus. Selon lui, l'avenir, c'est la poubelle. Au service des poubelles, la retraite n'est qu'à cinquante ans, au lieu de quarante-cinq. Et il n'y a jamais de chômage. Un autre métier bien, c'est celui de loueur de chariots. A cause de leur colonne vertébrale malade, les gens ne peuvent plus porter de paquets. Ils mettent tout dans des chariots numérotés. Les stands de chariots marchent formidablement. Mais, pour s'installer à son compte, il faut un capital, et, surtout, une autorisation. « Qui s'achète », dit mon oncle. Tandis que l'accès aux poubelles est gratuit. Moi, je veux apprendre la littérature. Pour aider, un jour, un libraire. Déjà, je balaye son sous-sol. Il me prête des livres. Il a dit que, quand je serai grand, plus personne n'achètera de livres. J'aurai alors tout mon temps pour lire.

Mme Raymond se penche vers lui :

— Tu es mignon. Tu as mangé deux tartines en bavardant. Si je pouvais te garder avec moi, tu aurais vite de bonnes joues.

— Vous aimez les enfants ?

— Oui.

— Pourquoi ?

— J'en vois si peu.

— Vous êtes drôle.

Mme Raymond l'encourage :

— Ris, alors !

— Rire ? Je n'oserais pas...

— Et pourquoi donc ?

— Une fois, à la maison, j'ai ri... La baffe que j'ai reçue, je la sens encore. Mon oncle, en visite chez nous, s'était rendu compte que maman avait mis un bouquet de fleurs — en velours — devant le transistor. Mon oncle l'a renversé exprès. Le bouquet, avec son pot en carton, est tombé par terre. Maman a injurié mon oncle. Celui-ci a répondu : « Mets tes fleurs ailleurs ! » Maman a dit que ce n'était pas possible parce que le bouquet appartenait à Transi. C'est le diminutif du transistor. « Tu racontes quoi exactement ? » a demandé mon oncle. Et sa nuque est devenue rouge de colère. « C'est l'anniversaire de mon transistor », a répondu maman. « Il a un an. » Mon oncle, qui est très grossier lorsqu'il est en colère, s'est écrié : « Tu es la reine des connes. » J'ai ri. J'ai reçu une gifle... Mais quelle gifle !

Mme Raymond préfère changer de sujet :

— Tu n'as pas dû être sage, cette nuit... Il y a eu du remue-ménage chez vous...

L'enfant se met à sourire.

— Maman a cru voir une énorme chauve-souris. Au moment où elle s'endormait, j'ai quitté mon lit, et je me promenais, les bras tendus, dans la chambre, en faisant : « Hou, hou, hou... » Maman s'est assise dans son lit et elle s'est mise à hurler de terreur. C'était amusant.

— Tu aimes faire peur ?

— Oh oui ! Surtout à maman parce qu'elle ne veut pas des livres que le libraire me donne. Je les monte à la maison sous ma veste, un par un, et je dois les cacher sous mon lit. J'ai déjà deux volumes sous le matelas : « Les enfants du capitaine Grant », et un autre qui s'appelle « La terre, cet abcès ».

— Quel horrible titre ! commente Mme Raymond.

— C'est pour cela que le monsieur libraire me l'a donné. Il le dit invendable. Les gens n'aiment pas savoir que la terre est devenue un abcès.

— Et qu'est-ce qu'il y a dans ce livre ? se renseigne Mme Raymond.

— Des choses compliquées. Des trucs bizarres qui font peur. L'auteur du livre dit que l'homme a réussi à démolir la plus belle chose qui ait jamais existé : la terre. Il lui a fallu deux mille ans de travail acharné, de recherches scientifiques coûteuses, d'inventions diaboliques pour trouver les moyens de destruction voulus.

— Veux-tu une pomme ? demande Mme Raymond, saisie.

Et elle ajoute :

— Tu lis trop, petit.

— Tous les livres ne sont pas comme ça, répond l'enfant.

Et, à son tour, sur un ton de confidence, il interroge :

— Connaissez-vous Jules Verne ?

— Mais oui.

— C'est vrai ?

— Comment, c'est vrai ?

— Parce que vous avez des vaches...

— Quel rapport ?

— Je ne savais pas qu'un propriétaire de vaches pouvait lire...

— Tu veux dire une paysanne ?

— Je ne veux rien dire.

— Tu m'as prise pour une bonne femme qui ne sait rien ?

— Oui, un peu. Comme maman, quoi !

— J'ai été à l'école comme tout le monde, dit Mme Raymond. J'aimais lire comme certains. Et puis, après la mort de mon mari, je me suis retirée dans la ferme que mes parents m'ont laissée. Tiens, la pomme !...

Elle la lui tend.

— L'avez-vous nettoyée ? demande l'enfant.

Elle frotte la pomme contre son tablier et de nouveau offre le fruit à l'enfant.

— Un tablier n'enlève pas l'insecticide...

Mme Raymond hoche la tête.

— Regarde !

Elle montre une tache sur la pomme.

— Tu vois bien, ou elle a été entamée par un oiseau, ou bien il y a un petit ver dedans... Donc, elle est saine.

— Un ver ! s'exclame l'enfant, émerveillé. Et vous me la donnez quand même, la pomme ? Elle est précieuse.

— Ecoute ! Mords dedans et, si tu arrives à une partie entamée, eh bien ! tu l'enlèveras avec un couteau... Il faut mordre de temps en temps dans une pomme... Avec les cubes à sucer, tes dents ne travaillent plus...

L'enfant répond :

— Il y a toutes sortes de cubes.

Il se met à chantonner.

— Ba-na-nia. Ba-na-nia. Pour les dents... Pour la gorge... Pour la force. Ba-na-nia...

— Pourquoi chantes-tu ? demande Mme Raymond.

— J'entends ça à la radio. Ba-na-nia est bon pour tout. Le nouveau cube résistant renforce la gencive. Le nouveau cube on ne le suce pas, on le mâche. L'équilibre c'est Ba...

— Prends la pomme et mords dedans ! s'exclame Mme Raymond.

— Ah non, dit l'enfant. Cette pomme est trop belle, trop rare... Je ne voudrais pas l'abîmer... Je la montrerai à mon oncle.

Il la glisse dans sa poche.

Mme Raymond l'interrompt :

— Je ne veux pas te forcer... Pourtant, j'aimerais que tu manges...

— Je peux aller à l'écurie ?

— Oui. J'aimerais que...

L'enfant n'écoute plus. Il est déjà dans l'embrasure de la porte. Il se retourne et dit :

— A tout à l'heure, madame.

Le cheval aveugle avance prudemment dans son univers noir. Posée sur l'encolure, la main d'Henri guide la bête docile qui sent, sur ses flancs avec un profond plaisir, brinqueballer les jambes de Jean Martin. A-t-il été, jadis, un cheval ailé, a-t-il eu à survoler prés verdoyants, haies provocantes, obstacles menaçants, ruisseaux glacés jusqu'à vouloir enfoncer le ciel ? Livré à son seul odorat, hypersensible, le cheval se confie à Henri.

— Avant d'être aveugle, il était plus rapide ? demande Martin.

— Comme un éclair. Il gambadait. De Lisieux, où j'étais lycéen, je rentrais en vélo. Je m'arrêtais sur le petit chemin, là-bas, tu le vois ?

— Oui.

— Je sifflais et Bonnot arrivait aussitôt vers moi. C'était un poulain nerveux et affectueux.

— Je me demande... dit l'enfant.

Il se tait.

— Quoi ?

— Ça n'a pas d'importance.

— Si.

— Ce que je pourrais raconter, moi, à mes enfants.

— Tu verras bien... dit M. Raymond.

Le petit garçon reprend :

— J'ai déjà neuf ans, monsieur, et je n'ai pas encore de souvenir agréable. Maman a connu les années 70. Elle m'en parle. Vous, vous avez vu un poulain gambader. Il me reste les suricates et les masques à gaz.

— Tu raconteras la souffrance des professeurs. C'est amusant, non ?

— Oui, dit l'enfant, surtout au début, quand le professeur souffre vraiment. Comme vous. Ça se perd vite, la capacité de souffrir.

— Pourquoi aimes-tu faire souffrir ?

L'enfant hausse les épaules.

— Je ne sais pas. Ce n'est pas que j'aime faire souffrir, moi. Non... Mais... Il faut ressembler aux autres.

Le cheval hennit et s'arrête devant un petit tas de terre. L'enfant se penche en avant.

— N'y a-t-il pas un suricate mort en dessous ?

— Ils ne viennent pas là, dit Henri. N'aie pas peur.

— Peur ? Pas d'eux ! Je les aime. C'est maman qui les déteste. Si on m'interdisait de devenir libraire, je m'enterrerais aussi, pour protester... N'avez-vous jamais eu l'idée de vous enterrer ?

— Pourquoi ?

— Pour protester contre vos élèves... Vous devriez vous révolter...

— Je suis trop vieux pour être suricate, dit Henri d'une voix rauque. J'ai déjà vingt-cinq ans... En France, la jeunesse ne s'enterre qu'entre quinze et vingt-deux ans. Et je ne connais pas les autres pays...

— Il vaut mieux se battre que de s'enterrer, dit l'enfant, rêveur.

Le cheval, guidé par la main d'Henri, va prudemment en émettant des « brouh... brouh... brouh... » heureux. Le poids de l'enfant l'encourage. Vieux et aveugle, il se sent utile.

— Pourquoi me détestez-vous tant ? demande l'instituteur.

— On déteste tout le monde.

— Mais la raison ?

— Lorsque vous entrez en classe, vous avez peur de nous... Très peur... Alors, on y va carrément...

Le pré s'étend devant eux. Le bois noir d'hier soir est redevenu le bois vert.

Un peu craintif, l'enfant pose une question :

202

— Avez-vous une femme ?

— Non.

— Pourquoi ?

— Ça te regarde ?

Le cheval baisse sa longue tête. Il se met à brouter l'herbe. Son cou redevient le vieux toboggan.

— Je peux descendre ? demande l'enfant.

— Regarde, dit l'instituteur. Le ruisseau... Tu en as déjà vu un ?

— En image. Dans le livre de géographie.

Il enlève l'enfant du cheval et il résiste à l'envie de le serrer contre son cœur.

— Veux-tu tâter l'eau avec tes pieds ?

— Je les ai lavés avant-hier.

— Pas pour les laver. Pour sentir le contact de l'eau fraîche.

Martin esquisse une petite grimace.

— Je n'en ai pas envie. Pourrais-je m'asseoir sur l'herbe sans l'abîmer ?

— Fais des culbutes, si tu veux...

L'enfant s'allonge sur l'herbe. Il arrache une pâquerette et, comme un myope, il l'observe de très près.

— Quand même, dit-il. Moi aussi, j'aurai de beaux souvenirs : cette fleur, l'herbe, le cheval, l'étoile d'hier soir, le pis de la vache, mon lacet.

— Ton lacet ? dit Henri. Pourquoi ?

— Parce que je peux les enfiler, les nouer, les tresser, les dénouer comme je le veux. Librement. Je n'aime pas les crochets. Vous aimez vos lacets, vous ?

Pensif, Henri regarde ses chaussures.

— Je ne me suis jamais posé le problème. Je ne sais pas si je les aime...

L'enfant hoche la tête.

— Pourtant, vos lacets sont très bien. Ils ont encore leur bout en fer.

Et après un silence :

— Avez-vous une radio ?

— Tu veux en savoir des choses de moi. Pour te moquer mieux après... En racontant tout à tes camarades.

L'enfant s'exclame :

— Ah non ! Jamais ! Je vous donne ma parole. S'ils savaient que je suis venu avec vous, ils me mettraient le nez dans les W.C.

— Quand je pense que lundi nous redeviendrons ennemis ! lance M. Raymond.

L'enfant mâchonne un brin d'herbe.

— Maman a dit qu'en 1970 il y avait des magasins où on vendait des fleurs vivantes.

— Si je pense à lundi... répète M. Raymond.

Son cœur n'est qu'un muscle tendu.

— Moi, dit l'enfant, je n'ai jamais crié : « Voilà le con ! »

— Par respect ?

L'enfant répond :

— Non. Parce que je déteste ce mot. Un mot de vieux. Mon oncle l'utilise souvent.

L'instituteur se penche vers lui.

— Et les questions qui me concernent ? Tu veux savoir quoi ?

— Rien.

— Tu mens.

L'enfant mâchonne maintenant la tige d'une marguerite et dit :

— Je ne mens pas. Je me tais seulement.

— Parle, insiste Henri. Tu ne risques rien... Je suis une tombe.

— L'année prochaine, dit l'enfant, j'irai au lycée, et j'aimerais y étudier. C'est un secret. Il ne faudra le dire à personne. J'aurais besoin d'un endroit calme pour pouvoir travailler. Chez maman, la radio me casse la tête. Au lycée, on manifeste sans cesse, on perd un temps fou avec les professeurs... Ils sont plus difficiles à faire souffrir, paraît-il, qu'à l'école primaire. Si vous n'avez pas de radio, ni de télévision, ni de femme, je pourrais venir habiter chez vous. Si vous n'avez qu'une pièce, je dormirai à la cuisine. Dans un sac de couchage — mon oncle m'en a donné un vieux. Je ferai le ménage, je nettoierai vos chaussures, je soignerai bien vos lacets. A la maison, je fais tout moi-même.

— Ta mère serait contre, dit Henri.

— Pas forcément. Elle a des projets. Elle connaît un plombier. Celui qui m'a donné le canif. Ça l'arrangerait peut-être si elle pouvait le voir seule...

— Je ne vois pas l'intérêt de me ligoter à toi, de ne plus être libre ! s'exclame Henri.

L'enfant s'assoit près de lui.

— Libre ? Personne n'est libre. Sauf pour les lacets. Et, pour les lacets, je vous laisserai tranquille. Comme pour le reste.

Henri fixe le cheval et dit :

— Et si, par accident, je m'attachais à toi ?

— Vous n'aurez qu'à dire : « Ouste... » Et je disparaîtrai.

— Serais-tu capable d'avoir de l'affection pour quelqu'un ?

— Pas pour un professeur, répond Martin sans hésitation. Quant aux autres ? Je n'en sais rien.

Il réfléchit :

— L'année prochaine, vous ne serez plus mon professeur. Je pourrais être différent avec vous. Eprouver un sentiment à votre égard. Si vous y tenez. J'essaierais même de vous aimer un peu. Si ça vous fait plaisir. Je serais capable de tout pour pouvoir étudier. Aimer... Ça doit être une question d'entraînement, non ? Aimer, c'est beaucoup quand même. Disons : sympathiser. Ça vous va ? Il faudrait que vous soyez dur avec moi. Pas tout le temps. Parfois. Si je n'ai pas peur de vous, je vais devenir méchant. Malgré moi.

M. Raymond le regarde avec pitié :

— Tu ne peux pas imaginer des relations sans peur et sans coups de pied ?

— Non. Si je n'ai pas peur, je dois faire peur, c'est ainsi.

M. Raymond reprend :

— Mais si on parlait, ça pourrait t'aider...

— Personne n'a le temps de parler, dit l'enfant. Par exemple, ma tante et mon oncle, ils ne se disent rien. Ils ne se parlent pas. Mon oncle a expliqué : « Au début, on a essayé de causer. Mais ma femme m'embêtait avec ses problèmes et moi, à mon tour, je ne cessais de l'embêter avec les miens. La télévision nous a aidés à nous taire. »

Le petit continue :

— Un jour, mon oncle a fait un vrai scandale chez nous; depuis, on ne le voit plus.

Maman refuse les grossièretés. Mon oncle parlait des femmes et, soudain, il s'est mis à taper sur la table et il a hurlé : « Dans cette putain de vie, il n'y a même plus de putains. Emmitouflées dans leurs survêtements de coton, elles font le trottoir avec leurs masques à gaz. Elles n'ont plus de visage ni de jambes. Qui oserait les accoster ? Ce serait cher la pochette-surprise ! » Ma tante, pincée, a répliqué aussitôt que cela n'était que justice. « A quoi bon chercher ailleurs ce qu'on a chez soi. » « Alors, tous les jours je me trompe d'adresse », a crié mon oncle, « parce que, chez moi... »

Martin s'interrompt soudain :

— Monsieur, regardez : j'ai une fourmi sur la main. Une belle fourmi.

— Dis, Martin, lance l'instituteur. J'ai des livres dans ma chambre, des livres pour adolescents. Je pourrais t'en donner... Si ça t'intéresse...

— Ce serait formidable ! s'écrie l'enfant.

Son visage s'illumine; il émerge de sa grisaille habituelle. Un reflet rose passe sur ses joues et ses yeux sourient.

— Il faut que maman soit d'accord. Les livres que le libraire me donne, je les cache. Mais les vôtres, il faudrait que je les monte chez nous devant maman. Elle dit que les livres prennent beaucoup de place.

— Je m'arrangerai avec ta mère, le rassure M. Raymond.

— Dites, interroge l'enfant, à Paris, avez-vous aussi des livres ?

— Beaucoup.

— Si je pouvais venir habiter chez vous l'année prochaine, je vous repasserais même les chemises. Je sais repasser les chemises en coton... Maman m'a raconté qu'en 1970 il y avait des chemises d'homme et des bas de femme en nylon. Ça n'a pas duré longtemps. Les gaz font dissoudre les matières synthétiques. Vous avez peut-être eu encore la chemise extraordinaire qu'on lavait le soir et qu'on portait le lendemain sans repassage...

— Oui. J'en ai eu. Jusqu'au jour où j'ai oublié de fermer la fenêtre pour la nuit. Le matin, il ne restait de la chemise que le cintre et un petit tas de mousse blanche par terre.

En sautant du coq à l'âne, l'enfant dit :

— Je vais m'amuser dans l'eau.

Il enlève ses chaussures, ôte ses chaussettes et il retrousse au-dessus des genoux son vieux pantalon en velours côtelé. Il mime le froid. Il fait semblant de grelotter dans l'eau.

A son tour, M. Raymond se déchausse et retrousse son pantalon. Il suit l'enfant. Face à face dans l'eau, ils se mettent à sourire. L'enfant effleure le courant de sa main et se penche pour pêcher un caillou. Il se mouille le bras jusqu'à l'épaule.

— Je me suis mouillé, lance-t-il. Maman va m'attraper. Ne m'avez-vous pas parlé d'un poisson ? Où il est ?

— J'ai vu une truite ici, dit M. Raymond, quand j'étais enfant.

— En êtes-vous sûr ? demande Martin sans impertinence.

— J'ai cru la voir ou je l'ai vue ? Quelle différence ?

Une idée fait frissonner M. Raymond. Il entame une phrase à mi-voix. Il ne voudrait en aucun cas se livrer à son élève.

— Martin ?

— Oui, monsieur.

— Ne voudrais-tu pas devenir chrétien ?

— Chrétien ? Pour quoi faire ? Ça m'est égal... Regardez ! Un caillou presque rose.

— Tu devrais choisir un jour...

L'enfant cherche à prendre le caillou dans l'eau.

— Choisir ? Quoi ?

— Une raison d'être.

— Maman a dit que j'étais rien.

— Je pourrais te baptiser...

— Vous n'êtes pas curé. Vous n'avez pas le droit.

— En cas de danger, tout le monde peut baptiser.

— Un danger ?

— Peut-être. Je ne sais pas. J'aimerais que tu sois baptisé.

— Ça vous ferait plaisir ?

— Oui. Et Dieu...

— Il n'existe pas.

— Si.

— J'ai froid, dit l'enfant. J'en ai assez...

Au bord du ruisseau, il se retourne et il regarde M. Raymond comme s'il l'apercevait pour la première fois. Henri semble jeune et maladroit, un peu ridicule aussi avec son pantalon retroussé et son visage tendu. Martin fait « gla-gla-gla » et revient vers lui.

— Si vous y tenez...

Pris par un vertige où le ciel se confond avec le pré, M. Raymond envoie une brassée d'eau sur l'enfant. Les gouttelettes ensoleillées inondent l'enfant pendant qu'Henri prononce des mots où sont évoqués le Père, le Fils et le Saint-Esprit. Autour d'eux, la nature jaune et verte s'immobilise. Henri Raymond s'arrache du moment fragile :

— Viens, dit-il. On rentre. Pour se changer.

Heureux, il rougit; timide, il ne supporterait pas un mot déplacé. Il guette l'enfant avec frayeur. Martin semble impassible.

— Viens vite, reprend M. Raymond.

L'enfant se trouve devant le cheval et regarde les deux taches blanches sur les yeux morts de Bonnot.

— J'ai vu une image dans les yeux de Bonnot, dit-il d'une voix naturelle. C'était peut-être Dieu.

— Viens, dit M. Raymond.

Il plante l'enfant sur le cheval et il se met à tirer Bonnot.

— Allons, dépêche-toi. Le petit va avoir froid.

Le cheval titube. Il se met à accélérer. Confiant, il va presque au petit trot. M. Raymond court à côté de lui. L'enfant noue ses bras autour de l'encolure de la bête. Secoué comme un pantin, il a envie de rire. M. Raymond rit aussi. Ils arrivent, essoufflés et gais, devant la ferme dont la porte s'ouvre, à l'instant même, violemment.

Vindicative, Mme Martin apparaît sur le seuil.

— Vous voilà ! Et toi, idiot, complètement trempé ! Tu vas attraper la crève. Ne compte pas sur moi pour te soigner. Pourquoi êtes-vous mouillés ? Avec ce soleil ?

M. Raymond enlève l'enfant du dos de Bonnot et passe sa main sur l'encolure du cheval.

— Va, dit-il à l'enfant. Change-toi vite.

Mme Martin voudrait donner une gifle à son fils, mais le geste se perd. Jean Martin glisse comme un éclair à côté d'elle.

— Je vous déteste, dit-elle à M. Raymond.

Elle s'approche de lui.

Le cheval baisse les oreilles et, au fur et à mesure que Mme Martin avance, il se met à reculer.

— Là... là... là... dit M. Raymond. Bonnot, du calme... Où vas-tu ?

Le cheval affiche ses grandes dents hostiles. Il continue à reculer.

Soudain, M. Raymond comprend et s'exclame :

— Il recule à cause de vous. Ne bougez plus...

— Parce que je lui déplais ! s'exclame Mme Martin. Personne ne veut de moi. Parfait ! Ça m'arrange. J'exige que vous me rameniez à Paris avec le gosse. Illico. Je ne veux plus de votre campagne, ni de ce soleil terrible.

Elle se couvre le visage.

— Je refuse d'être votre victime.

Mme Raymond s'approche d'Henri.

— Dis donc, fait-elle. La Parisienne, j'en ai ras le bol.

— Qu'est-ce que tu lui as fait, maman ?

— Rien, je te jure, rien. Elle m'a parlé d'une chose, atroce, d'une cochonnerie quelconque — une histoire de groupe —, alors je lui ai dit de se taire. Il était temps que tu arrives.

Appuyée contre le mur de la ferme, Mme Martin sanglote. De son poing fermé, elle martèle le crépi.

— Je veux rentrer à Paris.

— Je ramène Bonnot à l'écurie et je reviens, dit M. Raymond. Calme-la, maman.

— Facile à dire. Nous ne sommes que mercredi... Tu imagines rester avec elle jusqu'à dimanche après-midi ?

— Je m'occupe de Bonnot, maman. Et je reviens. Aide-moi !

CHAPITRE VII

Henri retrouve Mme Martin à l'endroit où il l'a laissée; vacillante, parcourue de secousses, elle est appuyée contre le mur de la ferme. Elle joue à la femme fragile en proie aux éléments hostiles.

A l'aise dans sa crise de nerfs bien dosée, elle pleure. Les larmes ruissellent sur son visage, arrosent son cou et le bord du décolleté de la robe en marathonite.

« Une vraie douche », pense Henri.

Il songe à la quantité d'eau que Mme Martin a absorbée la nuit précédente.

La vue de l'instituteur irrite les glandes lacrymales de la couturière. Elle reprend de plus belle ses sanglots et crie :

— Amusez-vous bien !...

Il détourne la tête; Mme Martin le remplit de malaise.

— Je vous ramène à Paris, dit-il. Préparez votre valise. Le petit restera avec nous.

— Rester... Pourquoi voudrait-il rester ? se cabre Mme Martin.

Prudent, Henri se tait. Ils remontent l'escalier étroit. Mme Martin ne cesse de marmonner. Des phrases désagréables les environnent : « M. le Professeur veut faire le taxi... M. le Professeur voudrait garder ici mon fils... Mon seul compagnon... Me priver de lui... Me laisser seule pour samedi et dimanche... »

Ils entrent dans la chambre. L'enfant s'y trouve. Lorsqu'il les aperçoit, il se redresse et annonce :

— J'ai mis d'autres chaussettes, maman.

Elle hausse les épaules :

— Tu devrais te changer de tête... Tant d'efforts pour un gosse qui... A quoi bon ? Je me le demande.

Elle se jette sur le lit.

— Je me sens mal, s'écrie-t-elle.

Redevenu gauche et gris, l'enfant se crispe. Parce qu'il se voûte, sa cage thoracique paraît rétrécir. De mauvaises ombres creusent des cernes autour de ses yeux; sur son front, une veine bleue palpite; elle disparaît en direction de la tempe.

— Choisis, ingrat ! s'exclame la mère. Choisis donc. Je ne fais pas appel à ton cœur, tu n'en as pas. Raisonne ! Ne deviens pas Mixte. Il en aurait vite assez de toi et, chimiquement déséquilibré, tu finirais à l'hôpital : quinze jours d'oxyde de carbone, des piqûres de solugoudron. Ça te tente ?

— Il ne m'abandonnera pas, affirme l'enfant, le regard rivé sur les deux pointes de ses chaussures tournées légèrement vers l'intérieur comme si elles se communiquaient entre elles des secrets.

« S'il avait pu faire de la vraie culture physique », pense M. Raymond, « le pauvre gosse... Ses pieds sont tordus par le Gyrin... »

A Paris et dans d'autres grandes villes surpeuplées, l'éducation physique des élèves se pratique par autosuggestion. Deux fois par semaine, les écoliers sont réunis dans les anciennes salles de gymnastique devenues trop étroites. Assis par terre, serrés les uns contre les autres, figés dans une immobilité quasitotale, ils suivent du regard un film en couleur qui montre pendant quarante minutes le déroulement normal d'une leçon d'éducation physique d'antan. Installé derrière un petit bureau, le professeur de gymnastique commente le spectacle au micro. Sa présence et sa voix sont indispensables à l'autosuggestion. « Nous allons sauter », dit-il sans broncher. « Un, deux, trois, quatre... Un, deux, trois, quatre... Bravo... Reprenez votre souffle... »

Selon un éminent psychopédagogue allemand inventeur de la méthode, la culture physique par autosuggestion a été la solution de sauvegarde pour la France sous-équipée et n'ayant jamais nulle part de place suffisante pour les ébats de sa jeunesse.

La gymnastique par autosuggestion exclut le moindre mouvement. Grâce à elle, selon la théorie, les muscles s'étoffent, les cellules s'enrichissent, les tendons s'assouplissent, les pédoncules cérébraux eux-mêmes, mis en condition par l'image et le son, sont susceptibles de transmettre des ordres de régénération aux tissus.

Le film se termine dans des éclats de rire et des crises de joie par une partie de ballon sur un pré verdoyant. Ici, l'Allemand s'était heurté à une difficulté imprévisible. Surexcités par l'idée du jeu en plein air, les enfants immobiles étaient, malgré l'entraînement psychique, parcourus de frémissements et en proie à des tressaillements musculaires. Après réflexion, le psychopédagogue avait suggéré l'application immédiate du système de Gyrin qui consiste à être assis, les jambes nouées et les plantes des pieds collées l'une contre l'autre. Dans cette attitude, le moindre mouvement provoque une vive douleur.

« Les sujets les plus rebelles à l'autosuggestion s'efforcent d'éviter la douleur. La souffrance garantit l'immobilité », avait déclaré le psychopédagogue.

Cette phrase clef l'avait fait élire à l'Académie des Sciences Futures.

Lors de sa réception à l'Académie, il avait présenté au public élégant le premier Etre chimiquement conçu, âgé de trois ans. Au fur et à mesure de la croissance de l'Etre, un spécialiste de Murano, un souffleur de verre amoureux du progrès, lui confectionnait des bocaux sur mesures. Ce jour-là, au bout d'une heure et demie de discours, l'Etre avait manifesté certains signes d'impatience. Il s'était mis à secouer le bocal. A la suite de ces mouvements contestataires, le liquide protecteur ébranlé avait découvert son visage présumé. L'académicien assis le plus près de l'Etre avait été saisi de terreur et une embolie l'avait emporté. L'Allemand, gêné par l'incident, avait pu se justifier. L'Etre n'était pas en cause. L'académicien n'aurait pas dû sursauter. Maladroit, il avait débranché la pile qui était le moteur de son cœur malade.

Le succès de la gymnastique immobile était, en tout cas, assuré. Après les séances, les enfants titubaient et semblaient désorientés. Certains se plaignaient même d'avoir mal aux jambes. « Ce sont les courbatures dues à l'autosuggestion », déclarait l'Allemand, savourant la plénitude de son savoir. « Ils ont mal à leurs jambes parce qu'ils les nouent », hurlaient les réactionnaires, éternels réfractaires aux novations.

Heureusement, les autres, les intelligents, les Français supérieurs, ceux qui acceptaient avec naturel leur époque et suivaient avec déférence les méthodes utiles venues des pays désinhibés comme, par exemple, l'Allemagne, la Norvège, la Suède et, avant tout, la Hollande, criaient au génie.

Quant à Gyrin, il était, comme la plupart des grands Français, d'origine étrangère, devenu xénophobe à l'extrême. Indigné par le fait que la France pût être subjuguée par la méthode indoue du yoga, il avait déclaré à la presse : « Le yoga est démodé, le yoga est fini, le yoga n'est pas français. » Gyrin avait ainsi présenté sa méthode à lui.

Le sujet en quête de soulagement doit, selon le Gyrin, s'asseoir par terre et nouer ses jambes une ou deux fois selon leur souplesse. Puis il doit fermer la bouche, ouvrir les yeux, et décrire des ronds avec sa tête. Au bout de dix à douze minutes, le sujet est en proie au vertige, il bave, il a la nausée, il vomit, et des douleurs intolérables irradient ses jambes. Lorsqu'il se dégage de cette position, la cessation de la torture le fait pleurer de joie.

Les bienfaits du Gyrin sont innombrables. L'individu tombé dans la détresse morale et physique, écrasé de soucis, broyé par l'impôt, empoisonné par les gaz, dégoûté des détritus, au bord du suicide, n'a qu'à se mettre en position de Gyrin. Peu de temps après, il découvre que ses problèmes, à côté des souffrances causées par le Gyrin, ne sont que vétilles. Le Gyrin, ou « le bonheur par comparaison », fait fureur en France.

M. Gyrin, bienfaiteur des Français, a amassé une fortune considérable. Il a pu s'acheter un appartement en un point des plus luxueux, des plus aérés et des plus verdoyants de Paris. Au dix-huitième étage d'un immeuble surplombant la gare de l'Est.

Mme Martin sanglote.

— Vous êtes peut-être un sadique... Faites-moi souffrir, d'accord... Mais l'enfant, épargnez-le.

— Il ne me fait pas souffrir, maman.

« Il... il... il... il... » De nouveau, ils parlent de lui à la troisième personne du singulier. L'instituteur se sent aussi inutile qu'un objet tombé par terre qu'on déplacerait avec le bout du pied.

— Appelez-moi monsieur Raymond, dit-il, éberlué de son propre courage. « Il », c'est quelqu'un d'autre... pas moi. Je n'aime pas « il ». Je suis « Monsieur ». Pourquoi pas « Monsieur le professeur » ?

Dans le désarroi général, sa révolte est acceptée.

Il continue :

— Décidez-vous, madame. Si vous voulez partir, partons. Mais tout de suite.

— Maman a une réunion de Procordés, dit l'enfant, honteux. Maman fait partie des Procordés.

— Des Procordés ! La radio ne vous suffit pas ? demande M. Raymond.

Mme Martin s'écrie :

— Et parler, non ?... Jamais ?... Moi aussi,

j'ai besoin de parler. C'est même une nécessité.

— La réunion est aujourd'hui ? demande M. Raymond.

— Oui, à dix-huit heures.

— L'aviez-vous oubliée ?

— Non. J'avais pensé que je pouvais m'en passer. Je me suis trompée. Si je la manque, ma réunion, je serai détraquée pendant un mois. J'ai trop mal à la tête, vous voulez que je me taise, je n'ai pas de radio... C'est intolérable.

— Jean, dit le professeur, sors. Longe le couloir, tourne à droite, entre dans ma chambre. Tu y trouveras une vieille armoire. Quand tu l'ouvriras, fais attention : l'armoire est si bourrée de livres qu'il risque d'en tomber par terre. Regarde ces livres, choisis ceux que tu veux. Je pourrai déjà en emporter un paquet avec moi à Paris, et dimanche, quand nous rentrerons, toi et moi, nous prendrons d'autres volumes.

— Quels livres ? demande Mme Martin dans un souffle. Je n'ai pas de place pour des livres !

— Tu ne vas pas m'empêcher d'avoir des livres ! proteste Martin.

— Oh... oh... oh...

La couturière se lance dans une vraie jérémiade. Elle s'adresse maintenant au professeur.

— Vous allez faire de lui un gosse à problèmes. Des livres !... Déjà, il ne dit rien...

— Je ne peux pas parler en même temps que la radio.

— Mais, chez ton oncle ?

L'enfant crie presque :

— Chez eux, je n'ai jamais pu raconter une histoire à cause de la télévision. Ils regardent toujours leur écran et, lorsqu'ils baissent le son et qu'ils font semblant de m'écouter, leurs regards restent fixés sur l'appareil. Mon oncle a pu me parler librement une seule fois, le jour où la télévision a explosé. C'était épatant !

— Ces appareils qui explosent comme des œufs pourris, dit Mme Martin avec mépris. Incroyable ! Evidemment, les gaz... Il paraît que les appareils en couleur explosent moins.

— Viens, dit M. Raymond, je te conduis à ma chambre.

Il sort avec l'enfant.

Dans le couloir, Jean Martin se retourne vers lui et dit :

— Maman, il ne faut pas la croire. Elle vous racontera peut-être des choses horribles.

Elle a dit à mon oncle que j'étais inhibé. Mon oncle a dit que n'importe qui serait inhibé avec ma mère. Le jour où la télévision a explosé chez eux, mon oncle m'a dit pourquoi il ne m'emmène pas aux sports d'hiver. Parce que, lui, il avait voulu m'emmener ! Malgré ma tante.

Ils pénètrent dans la chambre d'Henri. Quelques affiches vieillies se détachent à moitié du mur. L'armoire, trapue, trône près de la fenêtre. M. Raymond se souvient qu'il ne faut jamais laisser quelqu'un au milieu d'une phrase sans lui demander la suite.

— Alors ? Les sports d'hiver de ton oncle ?

— Il est furieux ! Selon le nouveau règlement, un couple doit skier sur la même paire de skis et, s'ils ont un enfant, il faut mettre l'enfant en troisième position. Parce qu'il n'y a plus assez de place sur les pistes. Mon oncle a dit : « J'ai tout accepté, les pistes souterraines, les autocars, les voyages sur les toits des trains, les cantines, les dortoirs, les pistes en sens unique... Oui, j'ai tout accepté. Mais ma femme sur mes skis ? Jamais. »

— Et si j'y allais, moi, se renseigne Henri, moi, célibataire, je pourrais faire du ski seul ?

— Non. Vous n'auriez que des skis à deux places. On mettrait quelqu'un derrière vous ou devant vous, choisi selon la taille et le poids. Ils sont là, les livres ?

— Oui.

Alors, l'enfant se retourne vers lui et dit :

— J'aimerais ouvrir l'armoire seul... J'aimerais rester seul avec les livres...

Henri acquiesce. Il sort de la chambre et il attend un instant derrière la porte. Il se met à sourire lorsqu'il entend le bruit des livres qui dévalent sur le plancher.

CHAPITRE VIII

La petite glace au-dessus du lavabo reflète l'image de Mme Martin.

— J'ai les yeux gonflés, dit-elle. Une vraie catastrophe.

— Vous vous sentez mieux ? demande M. Raymond.

Elle hausse les épaules et se met à redessiner ses lèvres.

— Mieux... Vous n'avez qu'à me regarder ! Mieux... Parlons-en... Mon rouge à lèvres tourne. L'oxygène fait virer les couleurs. J'ai maintenant un bleu à lèvres. Pour les Mixtes, il y a aussi des produits de beauté spéciaux qui supportent l'action de l'oxygène. Je ne suis pas une privilégiée, moi.

Elle se retourne vers M. Raymond qui regarde, ébahi, les lèvres bleu marine de Mme Martin.

— Je ne peux pas rester comme ça, continue-t-elle, les lèvres toutes bleues...

Elle sort de son fourre-tout une petite boîte en carton de couleur verte. D'un geste habile, elle en tire une feuille de papier vert. Elle tend la boîte à M. Raymond.

— Vous en voulez, des mouchoirs à la chlorophylle ?

— Je n'ai pas envie de me moucher.

Elle hoche la tête et, tout en s'essuyant les lèvres, elle marmonne :

— Envie... Envie... Vous êtes drôle. Vous voulez avoir envie de quelque chose... Pour revivifier vos muqueuses, il faut se moucher toutes les heures dans un mouchoir à la chlorophylle.

— Votre valise est prête ?

Elle le regarde avec mépris :

— Je ne l'ai même pas défaite, hier.

Elle se met à lisser ses cils.

— Ils sont teints. Heureusement, leur couleur ne vire pas. J'ai besoin de les teindre; une blonde a toujours des cils clairs.

— Blonde ?... M. Raymond jette sur la couturière un regard stupéfait.

Toujours aux aguets, elle dit, rageuse :

— Vous n'êtes pas d'accord ! Dites-le. Du courage ! Vous ne me trouvez pas blonde, n'est-ce pas ?

Un peu aussi pour se venger, il réplique :

— Non, je ne vous trouve pas blonde parce que vous n'êtes pas blonde. Vous l'avez été peut-être, mais vous ne l'êtes plus.

Il est infiniment étonné d'avoir dit ce qu'il a vraiment pensé. Il se sent plus fort.

Elle accuse le coup avec un sang-froid superbe.

— C'est la cause de mon inhibition. Il n'y a plus de blondes à Paris, ni dans les autres grandes villes. L'oxyde de carbone rend les cheveux gris ou beiges. Regardez-vous donc... Venez... Il y a des hommes si lâches qu'ils n'observent que leur menton en se rasant; ils évitent leur propre regard. Vous êtes de ceux-là, n'est-ce pas ? Vous en êtes ?...

Il s'approche de la glace, il s'aperçoit, il se trouve convenable.

— Et vos cheveux ? Ils sont presque gris. Pourtant, vous, vous êtes un Mixte.

Il s'accroche à son propre regard, bleu peut-être, ou devenu gris ? Est-il bien Henri Raymond, instituteur, qui, au lieu de perdre son temps aux côtés d'une femme désagréable, désirerait se trouver, par exemple, en Amazonie ? Les forêts vierges, pourtant, y sont devenues rares à cause des clubs de vacances. Selon les optimistes et les prospectus prometteurs, quelques vieux crocodiles myopes y habitent encore, enfouis dans des trous profonds qu'ils se creusent dans le lit vaseux des fleuves. Après le départ des autocars, le soir, la peau revêche et l'âme nostalgique, les crocodiles s'aventurent, timides, sur les rives et se promènent au milieu des papiers gras et des bouteilles de coca-cola vides.

— Alors ? demande Mme Martin. Alors ?...

— Je suis châtain, dit Henri, évasif. Châtain, je crois. Je m'en moque, d'ailleurs... Si vous saviez comme je m'en moque...

Il ajoute :

— Je peux descendre votre valise, madame ?

— Oui.

Elle dit, et sa voix est une invitation :

— On aurait pu faire connaissance...

Elle pose sa main sur le bras de M. Raymond.

— Vous m'en voulez ?

— Vous me désorientez. Vous êtes lunatique.

— Non, dit-elle. Inhibée. D'où mes difficultés.

Il hausse les épaules et prononce :

— Quand j'étais enfant, tout le monde se

plaignait de l'allergie. L'allergie a été remplacée par l'inhibition.

— Que je vous explique, dit-elle. J'ai eu des
moments de dépression graves. Une cure
d'hypnose m'a été recommandée. Une cure
d'hypnose est plus efficace qu'une cure de
sommeil. La cure de sommeil est coûteuse : il
faut des lits, des infirmières, il y a les sujets à
nourrir, à nettoyer, les malades à réveiller, à
rendormir... Un passe-temps pour millionnaires ! La cure d'hypnose se passe chez soi.
Hypnotisé, vous agissez exactement de la
même manière que dans votre état normal,
vous travaillez, vous marchez, vous n'êtes pas
perdu pour la vie collective.

— Alors, à quoi bon ? demande Henri,
ahuri. Je n'ai pas approfondi la question.

— Un instituteur qui ne connaît rien de
son époque ! Pourtant, même les enfants sont
hypnotisés, parfois.

Il répète :

— A quoi bon ?

— C'est clair, reprend-elle. Il faut être
logique. Hypnotisé, vous croyez rêver chaque
instant de votre vie. Conscient de votre propre
sommeil artificiel, quand vous vous heurtez à
une difficulté, vous dites : « Pour sortir de ce
cauchemar, je n'ai qu'à me réveiller. » La vie

est devenue un cauchemar, l'hypnose vous aide à le subir. Un tiers des Parisiens sont hypnotisés. La Société Protectrice des Etres Humains forme, actuellement, des hypnotiseurs à la chaîne. L'avenir, c'est l'hypnose collective.

M. Raymond s'approche d'elle :

— N'avez-vous jamais eu envie de fuir ?

Elle pâlit de peur.

— Taisez-vous ! dit-elle à mi-voix. Le mot « fuir » n'existe pas. Il faut le gommer de l'esprit. Le désir de fuite doit rester caché dans le subconscient. Ne le répétez pas, je vous en supplie.

— Fuir, répète-t-il, vicieux. Fuir... fuir... fuir...

— Vous voulez que je pleure !... s'exclame-t-elle, furieuse. J'aurai besoin au moins de deux séances de psychothérapie pour me libérer de ce mot damné. Vous êtes infâme. Vous voulez me contaminer...

Il lui chuchote alors à l'oreille :

— Fuir !... Découvrir un paysage sans immeubles, une ville sans gaz, une route sans poubelles et sans autos, la mer propre, des arbres non écorchés, des fruits naturels, des poireaux sans insecticides, une salle à manger sans télévision, une chambre sans radio, des gosses vrais, des femmes souriantes, des hommes puissants... Amusements, rires, oxygène, bois, verdure, ciel.

Elle le repousse violemment.

— Vous êtes odieux, vous me déséquilibrez.

— La vérité, insiste-t-il. Je veux savoir la vérité. Avez-vous eu déjà envie de fuir ?

— Oui.

Elle semble sans forces.

— En Australie ? demande l'instituteur.

— Oui.

— Cinq ans d'attente, n'est-ce pas ?

— Non.

— Alors, quoi ?

— Ils ne veulent pas de couturières. On ne coud plus, en Australie; on colle.

Elle s'exclame :

— Mais de quel droit m'interrogez-vous ? Vous allez me détraquer complètement. Vous m'étouffez d'oxygène et vous m'obligez à parler.

Elle reprend, haletante :

— Quand je suis allée chez le psychothérapeute, nous n'étions que dix en même temps. Lorsqu'il s'agit de ma santé, je ne lésine pas sur l'argent, mais me payer un psychothérapeute pour moi seule, pas question ! Mille francs l'heure... ça fait cher l'angoisse. Ma sœur, qui est la femme de mon beau-frère qui est lui-même l'oncle par alliance de mon fils, s'est offert, chez un psychothérapeute, une séance individuelle à mille francs. Avec les primes qu'ils ont aux Poubelles. Un vrai Pérou... Elle pouvait le faire. Mon beau-frère a tout à fait raison lorsqu'il voudrait que le petit s'oriente vers les Poubelles. Mon fils, avec ses livres... Déjà un maniaque... Tandis qu'aux Poubelles, à tous les échelons, l'avenir lui sourira. Il est difficile de parler avec la jeunesse actuelle... Quelque chose ne leur plaît pas ? Hop là, ils s'enterrent. On ne peut plus ouvrir la bouche sans qu'ils vous menacent de leur pelle. S'enterrer, c'est facile... Mais coudre... Savez-vous ce que c'est que de coudre à notre époque ?

Coudre sans avoir une vie sexuelle équilibrée ? Une couturière satisfaite coud avec art. Si son appétit sexuel est privé de nourriture, l'ourlet en souffre. Me remarier ? Facile à dire. Je ne peux amener personne chez moi : le petit est là. Et, lorsqu'il est en classe, les adultes travaillent aussi. Trouver un intoxiqué qui ne soit pas impuissant, vous croyez que c'est commode ? Il paraît que les Mixtes ont des sursauts physiques extraordinaires. Ma sœur m'a raconté qu'après les week-ends, mon beau-frère, réoxigéné, devient comme fou. Il éprouve le besoin de serrer une femme dans ses bras. Hélas, il ne veut plus de ma sœur. Ça se comprend. Marié depuis vingt ans, avec ma sœur neurasthénique, il en a largement assez. Neurasthénique, je veux bien... Il est tentant d'être neurasthénique quand on a un public. Ma sœur peut, si elle veut, s'offrir chaque soir une crise; mon beau-frère est là pour la contempler. Mais moi ? Pourquoi me jeter par terre, me mordre les lèvres, déchirer les tissus, casser tout ? Personne ne me dira : « Là, là, là, du calme... » J'ai amorcé une crise devant le petit, histoire de me désinhiber chez moi. Il a haussé les épaules et il s'est enfermé à la cuisine où il laissait couler l'eau dans l'évier pour ne pas m'entendre... Lorsque je me suis laissée emporter par ma crise de nerfs, j'étais toute seule à la maison... Quel gâchis ! Après, j'ai dû tout ranger moi-même. Ça m'a appris à être neurasthénique... Une crise solitaire n'apaise personne.

Ma sœur a payé le psychothérapeute mille francs l'heure. Il paraît que mon beau-frère lui avait jeté l'argent en plein visage, en criant : « Moi, je t'écoute depuis vingt ans pour rien. Si on m'avait, dès le début, payé pour digérer tes conneries, je serais million-naire ! »

L'essentiel, c'est que ma sœur a eu son argent. Dans la figure ou non, c'étaient toujours les mille francs. Habillée avec soin, elle est arrivée chez le médecin avec une demi-heure d'avance. Elle avait si peur d'être en retard. Lorsqu'on essaie de parler de soi-même, il faut s'échauffer, se mettre en confiance, se dégeler, quoi... Chaque minute compte. A ce prix-là, elle n'aurait pas voulu gaspiller une seule minute...

En début de séance, elle disait n'importe quoi. Comme je la connais, elle a dû débiter un flot de sornettes. Le psychothérapeute l'interrompait parfois pour lui dire : « Je ne vois pas pourquoi... »

Elle a eu à la fin le courage de dévoiler son secret douloureux. « Mon mari ne touche plus aux poubelles. Il dirige les équipages de sondeurs depuis une cabine de verre suspendue au bout du bras mobile d'une immense grue qui le promène au-dessus des champs de détritus. Pourtant, lorsqu'il rentre à la maison, j'ai l'impression qu'il apporte avec lui l'odeur des poubelles. Quoi qu'il fasse, je sens cette odeur. Je sais qu'elle est imaginaire, mais je la sens, cette odeur, et j'en souffre. Je souffre le martyre. L'idée de cette odeur perturbe notre vie sexuelle. Je l'ai tant repoussé, mon mari, et avec tant de dégoût, qu'il ne veut plus de moi. Que dois-je faire ? »

Le psychothérapeute allait lui répondre quand un « dring... dring... dring... » agressif s'est déclenché.

« Alors, docteur ? » a répété ma sœur en se cramponnant à lui. Mais le psychothérapeute l'entraînait vers la porte; elle s'est mise à pleurer. La réponse a été : « Je crois avoir une heure libre dans deux mois... Je vous répondrai la prochaine fois... Arrangez-vous avec mes secrétaires. »

Ma sœur était mécontente. Mon beau-frère l'a taquinée longtemps à ce sujet. « Que je sente ou non la poubelle, je t'offre quand même un Jules pour tes états d'âme. Le Jules, c'est avec les poubelles que je le paye. » Elle n'a plus osé protester contre l'odeur. Elle m'a avoué pourtant la sentir plus que jamais.

Je lui ai dit de s'adresser à un des psychothérapeutes de la radio, à celui dont les soins sont offerts par la lessive « Odo », « Odo qui lave sans eau ». Il est surmené, le psychothérapeute de l'« Odo » ! Quant à moi, je lave sans eau avec « Odo », par reconnaissance. Faut être reconnaissant à l'égard des marques qui vous aident dans votre détresse. Je me suis adressée à « Odo » en mettant bien sur l'enveloppe, comme la marque l'exige : « Odo sauve mon âme ». J'y ai écrit aussi, selon le règlement, mon vrai prénom. J'ai écouté l'émission quotidienne pendant des semaines, sans cesse, sans la rater une fois. Ma patience a été récompensée : le conseiller m'a répondu. J'ai entendu sa voix qui a soudain prononcé mon prénom : « A Catherine qui désire l'amour physique. » Ah, j'ai rougi... Je suis pudique... Son message restera gravé dans mon esprit. Le voici : « A Catherine insatisfaite. Vous vous plaignez d'être seule, petite Catherine, mais avez-vous tout fait, vraiment tout, pour trouver un compagnon ? Auriez-vous oublié que l'homme ne fait plus d'efforts pour conquérir ? N'hésitez pas, allez vous-même à sa rencontre. N'évitez pas les lieux propices aux rencontres, les endroits où vous pouvez vous risquer sans masque à gaz; fréquentez le métro, les clubs de vacances, prenez même le train. Celui qui vous plaît, dévisagez-le. Ne cachez pas votre insatisfaction. Aussi étonnant que ce soit, c'est elle qui pourra peut-être guérir l'impuissance de votre futur Roméo. N'oubliez pas que le désir de l'un réveille, en l'occurrence, le désir de l'autre. Odorisée par « Odo », votre séduction double sa puissance ! Courage, Catherine ! »

Le psychothérapeute d'« Odo » m'a ainsi calmée, provisoirement.

En proie à une nouvelle crise de dépression, je me suis décidée à participer à un collectif; mille francs à partager en dix parts, ça fait cent francs la détresse. Le système est simple. Vous arrivez et, aussitôt, une secrétaire prend votre nom. Elle l'inscrit sur un carton portant un gros numéro rouge. Simultanément, elle vous donne un autre carton qui porte le même numéro que votre fiche d'identification. De ce carton dépend votre salut. Il faut le tenir toujours devant vous pour que le psychothérapeute puisse, selon le numéro que vous portez, vous classer dans un groupe approprié de désinhibition. Le mot que le sujet répète le plus souvent détermine le choix du groupe. Si, par distraction, vous laissez glisser le carton, vous êtes perdu; le psychothérapeute ne peut plus vous repérer, il ne vous classe pas et vous devrez recommencer.

En face de lui, assis, le dos bien droit, en brandissant nos cartons, nous le considérions avec respect. Il a même eu le temps — lui ! — de nous regarder ! Un regard, quel luxe !

Je ne suis pas riche comme ma sœur, je ne suis qu'une femme abandonnée, mais, lorsque je veux me payer le regard d'un médecin, je le paye. La santé avant tout. Quand on a la santé, il ne faut pas se plaindre.

Il n'a pas pu nous consacrer un regard à chacun; cela aurait pris du temps. Il faut être juste. Il a regardé la masse que nous représentions. Et il a dit : « Démarrez ! »

Nous nous sommes mis à parler tous à la fois, en chuchotant d'abord à mi-voix et, bientôt après, en criant pour mieux attirer son attention.

Pas loin de moi se trouvait un monsieur élégant. Il portait une cravate raffinée, fleurie, en pure soie — et, en tissus, je m'y connais... Ce n'était pas un homme à s'attifer de marathonite... oh non ! Il répétait : « Je ne puis vivre en cage. »

La distinction de son langage m'a surprise. Je suis sensible aux jolies paroles. Il continuait à dire : « Je ne puis vivre en cage. Je devrais sortir de ma cage. Docteur, ouvrez la porte de ma cage. »

Assez psychologue moi-même, j'ai deviné son métier et j'ai su, plus tard, que j'avais raison. Il était fonctionnaire.

A côté de moi, le numéro Deux était un

plombier. « Mon patron ne m'écoute plus »,
criait-il. « Le matin, il me donne des tuyaux
flexibles et, quand je me mets à hurler que je
ne veux pas de tuyaux flexibles, que j'exige les
tuyaux rigides de jadis, il hausse les épaules,
il hoche la tête, il se détourne, mais il ne répond jamais. »

J'aurais tellement voulu capter le regard du
psychothérapeute pour moi seule... tellement...
Je n'ai pas réussi. Je n'ai fait que répéter :
« Je ne suis plus blonde, donc ma jeunesse
est finie. » « La jolie blonde, regarde donc la
jolie blonde », disait-on de moi, jadis. « Comment pourrais-je me considérer comme
blonde, s'il vous plaît ? »

Quinze jours plus tard, je me suis retrouvée dans un groupe de désinhibition au premier degré avec le plombier parmi d'autres.

Nous étions enfermés dans une large pièce
au sol recouvert de caoutchouc plastique,
éclairée par une lumière électrique indirecte.

Nous n'osions pas nous regarder trop.

Dire n'importe quoi, c'est facile à dire. Mais
le faire ! Le plombier et moi, nous nous sommes souri. Il est venu vers moi et il m'a
dit :

— Vous, c'est pourquoi ?

— Je ne me crois plus blonde et je crève

de l'idée d'avoir vieilli sans homme. Et vous ?
ai-je demandé.

Il faut être poli dans les tourments. L'autre
compte aussi, quoi. L'égoïsme est moche.

Il m'a répondu :

— Les tuyaux flexibles... Ils ne traversent
pas bien les murs. A la moindre résistance, ils
se tordent. Il n'y a absolument pas de raison
valable de ne plus utiliser les tuyaux rigides.
Mais personne ne me croit et personne ne
m'écoute...

— Mais moi, si, ai-je répondu.

Il s'est exclamé :

— Alors, vous êtes la plus jolie des blondes...

Il m'a prise dans ses bras et, d'un commun
accord, nous avons décidé de faire l'amour.
J'en avais envie et lui, il a eu soudain l'impression de ne plus être impuissant parce que
j'avais accepté son raisonnement au sujet des
tuyaux.

Nous étions en train de faire l'amour par
terre lorsque le monsieur qui avait la jolie
cravate est venu nous voir et il a dit :
« L'acte public n'est pas une solution. Nous
sommes quand même en cage. »

Un jeune homme s'est agenouillé auprès de
nous et, en nous observant, il a dit : « J'aime-

rais être excité. Je ne le suis pas. Et je n'ai pas envie de vous imiter. »

Il contemplait nos visages et il commentait :

« Je suis un futur sociologue. Je sais que la seule révolution que le monde ait réussie, c'est la révolution sexuelle. Mais, à quoi bon, quand cette liberté vous ôte l'envie du sexe ? »

Quelqu'un, plus loin, tapait sur le mur et criait : « Je voudrais rêver. Je voudrais pleurer de joie en voyant une fleur. »

Moi, je ne suis pas blasée, la présence des autres me gêne et aussi, il est vrai, m'excite. J'étais donc à mon aise. Pour faire l'amour, il vaut mieux être excité, n'est-ce pas ?

Fleur bleue comme je suis, la dernière des romantiques, j'aime plaire. En faisant l'amour, je plaisais. Au plombier.

Le futur sociologue pleurait de rage. « Je devrais être plus que disponible, je devrais me jeter sur la première femme venue. Je vous regarde et cela ne me fait rien. Je n'ai même pas honte. »

Je l'ai peu écouté, car l'amour physique m'occupait agréablement. J'entendais seulement des bribes de phrases. « Si je pense que rien n'est interdit ! Quelle horreur ! La réussite absolue dans l'impudeur. Il paraît qu'il y avait une époque bénie où l'érotisme était un art, où la pornographie était bannie, un temps où la censure existait encore, où les spectacles contre nature étaient proscrits. Je ne peux plus me révolter contre les tabous, il n'y en a plus. Je suis devenu un impuissant parce que tout est permis. Ah, la pureté des années 70 ! La belle époque ! »

Mon partenaire, heureux, avait allumé une cigarette; moi, je reboutonnais mon chemisier.

Le futur sociologue s'est penché sur moi et il m'a dit :

— Vous, vous avez joui ?

— Oui, ai-je répondu avec fierté.

— Pourquoi ? Mais pourquoi ? a-t-il insisté.

— Je jouis parce que je ne pense pas.

CHAPITRE IX

La voiture attend devant la petite porte vitrée de la ferme.

Mme Martin serre la main de Mme Raymond.

— Je suis navrée, madame. J'ai été peut-être un peu désagréable. Ne m'en veuillez pas trop.

— Ce n'est rien, dit Mme Raymond, glaciale. Vous avez un peu de bleu sur les lèvres.

— Encore ! s'exclame la couturière. Je l'enlèverai dans la voiture, j'aurai tout mon temps.

M. Raymond l'observe avec inquiétude. Allait-elle partir sans son fils ? Si elle pouvait oublier de lui dire adieu.

La valise de Mme Martin se trouve déjà dans le coffre ouvert.

— Je serai là vers 7 heures, maman.

Il voudrait partir le plus rapidement pos-

sible, et il ouvre la portière à côté du conducteur.

— Prenez place, madame.

Elle le dévisage et dit très lentement :

— Derrière... Je me mettrai derrière. Devant, c'est Jean. Ça l'amuse.

— Mais, dit-il, étranglé de tristesse, vous
m'avez promis que...

— Je n'ai rien promis. J'ai l'habitude
de l'avoir avec moi. C'est mon fils. Pas le
vôtre.

Il donne un coup de pied dans le pneu.

— Bien. Nous resterons ici. Je ne vous ramène pas à Paris.

Mme Raymond, pâle, observe la scène.

— Mais si, vous me ramènerez, dit la couturière. Parce qu'autrement je vais me plaindre au directeur de l'école; vous pourriez
même en être exclu. Nous séquestrer, c'est
grave. Tandis que, si vous nous ramenez gen-
timent, je vous donnerai mon fils pour une
prochaine fin de semaine.

— Tu n'as pas le choix, dit Mme Raymond.
J'appelle le petit.

— Il est dans ma chambre, maman, il regarde les livres. Si tu voulais aller le chercher... Ces livres... il faut en descendre tant
que vous pourrez.

Mme Raymond éprouve une haine profonde à l'égard de Mme Martin.

Les rayons de soleil éclatent sur le toit de la voiture.

L'enfant apparaît dans l'embrasure de la porte. M. Raymond se précipite à sa rencontre et le décharge d'une partie des livres que l'enfant porte. Tous les trois s'affairent autour du coffre.

L'enfant pleure silencieusement. Ses larmes sont transparentes et figées le long des joues.

— Ne t'en fais pas, dit le professeur.

M. Raymond ne peut plus résister; il s'abandonne à la tendresse. Il soulève l'enfant et le serre sur son cœur. Au risque d'être injurié, d'être couvert de crachats, de grossièretés, au risque d'être grotesque, il dit alors à l'enfant :

— Je t'aime bien.

— Vous pourriez nous donner, dans un petit pot, de l'herbe ? demande la couturière. Jadis, il y avait le pot à herbe pour les chats. Maintenant, c'est fait pour les enfants de Paris quand on a la chance d'avoir des relations avec la campagne. S'il pouvait manger un peu d'herbe de temps à autre...

— Mon fils vous en apportera deux, dimanche. Je préparerai les pots.

— Un seul suffira, dit Mme Martin, modeste. On s'en va ?

M. Raymond serre la ceinture autour de l'enfant.

— Aidez-moi, dit Mme Martin qui s'installe sur la banquette arrière, toute au bonheur d'avoir réussi son retour. Ma ceinture est coincée. Vous voulez m'aider à la fixer ?

M. Raymond attache la ceinture de Mme Martin dont l'odeur douceâtre le frappe à nouveau. Les cierges au pied du lit de son père mort avaient la même odeur. L'image retrouvée le fait réfléchir. Cette femme a toujours évoqué, pour lui, l'idée de la mort. Il n'en était pas conscient. Il le sait maintenant. Il la regarde avec méfiance. Tout être superstitieux aurait peur.

— Au revoir, mon petit, dit Mme Raymond.

Elle embrasse la joue mouillée de l'enfant déjà attaché à son siège.

— Tu reviendras ?

L'enfant fait oui de la tête et se met à sourire. Ses larmes mouillent ses lèvres.

L'éclatant soleil fait briller le macadam. La ligne jaune semble couverte de strass. Les militaires s'ennuient dans leurs tentes. Depuis

248

hier minuit, l'exode est terminé; aujourd'hui, il y a peu de circulation. Les soldats aimeraient bien être ailleurs : nus, juste le sexe peint, au soleil. Mais le devoir avant tout.

M. Raymond conduit avec sécurité. Ses mains touchent à peine le volant. De temps à autre, il ne conduit que d'une seule main. Il se tourne parfois vers l'enfant qui, immobile, regarde la route, ce beau ruban de métal argenté qui court vers l'infini.

— Dimanche, je t'apporterai encore des livres, lui dit Henri. J'en mettrai beaucoup dans le coffre.

Il entend à peine la réponse du petit :

— J'en ai vingt-six. Si vous m'en donnez encore...

— Je te donne tout ce que tu veux.

— Je préférerais les choisir. J'aimerais aussi revoir Bonnot et Mme Raymond.

Une bonne chaleur envahit Henri, une bonne chaleur apaisante, jusqu'ici inconnue.

— Tu étais bien chez nous ?

— Bien.

— Tu sais...

— Quoi ?

— Pour ce que tu m'as dit, pour l'année prochaine, toi et moi, tu comprends...

— Ah oui.

— J'ai réfléchi : c'est d'accord.

Comme le sang d'une artère principale, la réponse de l'enfant jaillit :

— Merci !

Le soleil ivre se met à délirer sur le macadam; des triangles et des ronds se multiplient, étincelants, sur la route. La ligne jaune couverte de brillants se déplace à droite et à gauche, elle vibre, elle ondule.

— Merci ! crie quelqu'un quelque part.

Le mot unique, le mot disparu, le mot sacré prononcé dans le néant. Serait-ce la renaissance ? Merci... Il a dit : « Merci ».

C'est le premier aujourd'hui, dit l'officier le plus proche. Le premier accident. Notez-le, mademoiselle. Pas d'erreurs... Les statistiques...

Les deux voitures semblent se livrer à un corps à corps.

Henri, la cage thoracique enfoncée, est mort sans avoir versé une goutte de sang.

Celui qui est venu en face est mort aussi. Sans savoir pourquoi.

— L'enfant n'a rien, dit quelqu'un.

— Marquez, mademoiselle. Un enfant sain et sauf. Continuez, mademoiselle. Une femme derrière, évanouie. Sortez-les. Voyez-vous les ceintures ? N'oubliez pas la marque des ceintures. Le conducteur n'avait pas de ceinture.

Martin regarde Henri allongé sur une civière. On vient de le couvrir. Tout va vite.

— Qui est ce monsieur ? Qui est ce monsieur ? Un verre d'eau au gosse. Qui est ce monsieur ?

L'enfant ouvre la bouche, mais ne peut pas parler. Comme le singe à Evreux, ses iris sont cernés de noir.

— Ton père ?

— N... N... N... Non, bégaie-t-il. Un a... a... a... un ami.

Des voitures-grues prennent en charge les deux véhicules accidentés.

Soudain, Martin voit la voiture de son professeur s'éloigner. Comme un animal sauvage, il s'élance sur le macadam brillant et se met à hurler :

— Mes livres dans le coffre, mes livres, mes livres !...

Il court après la voiture qui va trop vite. La petite silhouette titube sur le macadam qui brille comme un miroir.

Martin court, Martin perd la pomme que Mme Raymond lui avait donnée. La pomme se met à rouler sur la surface brillante et s'arrête juste à la ligne jaune.

ŒUVRES DE CHRISTINE ARNOTHY

Autobiographies

Romans

« Composition réalisée en ordinateur par INFORMATYPE SERVICE »

IMPRIMÉ EN FRANCE PAR BRODARD ET TAUPIN
Usine de La Flèche (Sarthe).
LIBRAIRIE GÉNÉRALE FRANÇAISE - 6, rue Pierre-Sarrazin - 75006 Paris.
ISBN : 2 - 253 - 00095 - 7